教育ジャーナリスト
安田賢治

中学受験のひみつ

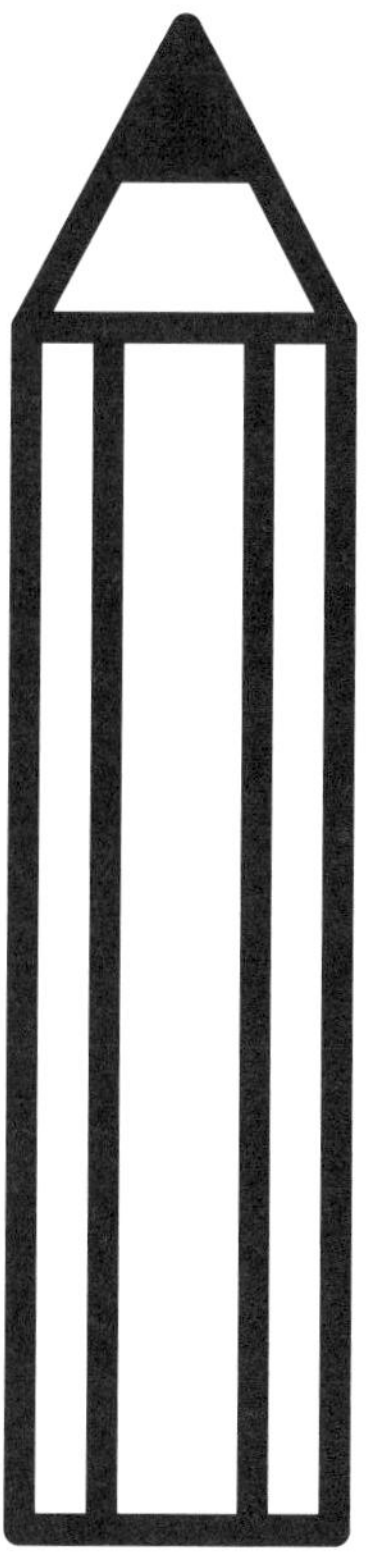

朝日出版社

はじめに

２００９年の首都圏における私立中学受験者数はおよそ5万４０００人。首都圏全体の小学6年生の17・８％（受験率）の生徒が受験したことになります。10年前の１９９９年の受験者数は３万７０００人、受験率が11・８％だったことを考えると、10年間で私立中学の人気が大きく上昇したことは明らかです。

都心の小学校では、２月１日の東京の私立中学入試解禁日に、クラスの半数以上の生徒が欠席するところもあるほどです。つまり、東京では生徒の２人に１人が私立中学を受験する小学校もあるということです。

なぜ、これほどまでに私立中学受験が活況を呈しているのでしょうか。それは、6年間にわたって行われる各校独自の中高一貫教育と大学合格実績の高さにあります。

中高一貫教育は、「建学の精神」に基づいて行われているので、学校によってそれぞれ特徴があります。学校創立者はどんな人材をどのように育てたいという理想を抱いていたのか、その教育理念が中高一貫教育には色濃く反映されているわけです。

中高一貫教育の内容を具体的にみていくと、宗教教育、人間教育、こころの教育、しつけ教育、キャリア教育など、工夫をこらした取り組みが行われています。また、主要教科の授業時間数が多いカリキュラムも6年一貫教育の特徴のひとつです。中高一貫校の大学合格実績の高さは、こうした「教育力」の結実によってもたらされているのです。

中高一貫校には学校の数だけ個性があり、どの学校にもたくさんの良さがあります。大学までエスカレーター式に進学できる大学付属校は公立にはありませんし、男子校、女子校などの別学教育も私学の特色と言っていいでしょう。

では、それらのどこにスポットを当てて志望校を選んだらよいのでしょうか。

中高一貫校の入り口にあたる「偏差値」と、出口にあたる「大学合格実績」は学校選びの目安になります。ただ、そのふたつばかりを重視するのではなく、入り口と出口の真ん中にあたる「6年間の学校生活」にも注目してください。

その学校は自由な校風なのか規律が厳しいのか、学力向上に力を入れているのか文武両道なのかなど、どんな学校生活を送ることになるのか子どもとの相性を考えることが重要です。いくら親が気に入っても子どもに合わなければ、たとえ合格しても中学受験は成功したとは言えません。子どもが学校に通うのが楽しみになるような中高一貫校を選びましょう。

本書では私立の中高一貫校の魅力を、大学進学の面から、教育や生活の面から、それぞれ実例を挙げながら紹介しています。

ぜひ、志望校選びに役立ててください。その他にも塾選び、入試直前対策など中学受験には欠かせない情報についても触れています。

この本で6年一貫教育の本当の良さを知って、中学受験にのぞんでいただければ幸いです。

安田賢治

目次

1章

なぜ、中高一貫校が人気なのか

2章

中高一貫校の大学進学

3章

塾

学習塾選びのポイント

4章

中高一貫校選びのポイント

選

5章

大学付属校と名門進学校

6章

入試

さあ、入試本番

高校別大学合格者のデータについては、2009年の東大や京大、国公立大医学部、早稲田大などについては、大学通信と「サンデー毎日」編集部が共同で行った全国4000高校へのアンケート調査を基にしたもので、高校発表のデータです。従って、データを公表していない一貫校はでてこない場合があります。前記の大学を除き、慶應義塾大などの私立大のデータは大学発表の高校別合格者数で、大学通信で集計・入力したものです。また、過去のデータについては旺文社などのデータも参考に作成しています。

それ以外のデータにつきましては、四谷大塚の提供によるものや大学通信のデータを基に作成しております。

図や本文中にでてくる中学名は略称を使っています。○○中学の場合は中学を略して「○○」、○○大学付属中学の場合は「○○大付」、○○大学中学の場合は「○○大」となっています。

1章

なぜ、中高一貫校が人気なのか

世界同時不況でも、志願者増となった私立中入試

２００９年の１都３県（東京、千葉、埼玉、神奈川）の私立中入試では、およそ５万４０００人の子どもたちが受験しました。募集定員は約４万３０００人なので、１万人以上の子どもたちがどこにも合格できなかった計算になります。

左ページのグラフは、首都圏における私立中の、１９９７年からの実受験者数と受験率を表したものです。09年は、小学6年生の17・８％が私立中学を受験しました。公立の中高一貫校も入れると、受験率は20％を超えると言われています。つまり、首都圏では５人に１人が中学受験をしているということです。

現在、これほどまでに過熱している中学受験ですが、かつては１９９９年を底に実受験者数、受験率ともに大きく落ちこみました。これはバブル経済崩壊による景気悪化が90年代後半に最も深刻になったためと考えられます。

その後、ゆるやかに受験者数は増え、文部科学省が新学習指導要領を実施した２００２年からはうなぎ上りに増加していきます。いわゆる「ゆとり教育」は子どもたちの学力を低下させると大問題になり、親が公立校に不信感を抱いたためです。

[過熱する首都圏の私立中入試]

（四谷大塚調べ）

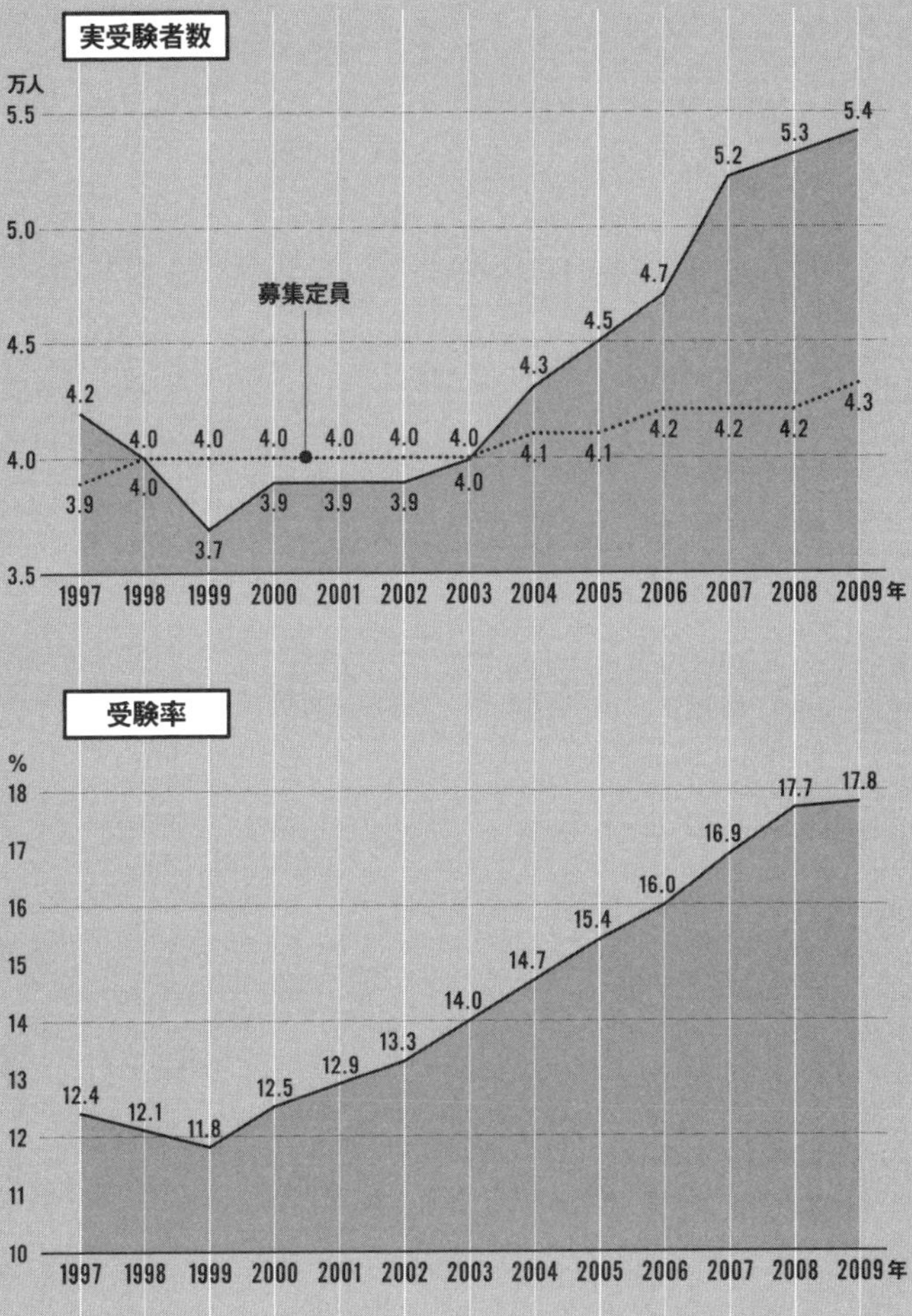

私立一貫校は、学習指導要領の改訂に縛られることなく独自の教育を展開しています。時代に左右されず、建学の精神に則《のっと》った独自の教育を行うことができるのです。そのため、不安にかられた親たちは私立一貫校に注目するようになりました。

２００９年の中学受験は２００８年秋に起きた世界同時不況の影響で、志願者が減るのではないかとみられていました。同じく不況に陥った99年の再来を危惧《きぐ》したのです。

しかし、ふたを開けてみると、受験者数も受験率も過去最高を記録しました。先行きが不透明な時代だからこそ、子どもには「伸び伸びとすごせる環境で学校生活をおくってほしい、学力がしっかり身につく教育を受けさせたい」と願う、その親心が不況を吹き飛ばしたと言えます。

なお、募集定員は、急上昇している受験者数と受験率に比べ、ほとんど変化していません。これは少子化による影響で、今後、子どもの数によほどの変化が起きないかぎり、変わることはないと思われます。

私立一貫校が人気の理由は、ゆとり教育への不安

２００９年７月、教育情報に詳しい大学通信は、首都圏の学習塾を対象に「保護者が私立一貫校を選ぶ理由は、どこにありますか？」というアンケート調査を実施し、４００の塾・教室から回答を得ました。

その結果、第１位は「公教育への不信」で、回答した塾の８割近くの支持を集めました。次いで「面倒見の良さ」「大学合格実績が公立に勝っていること」が６割以上でほぼ並び、その後に「先生に熱意があること」「校風・雰囲気の良さ」が続きました。

回答の８割以上を占めた「公教育への不信」の原因は、先ほども触れましたが、２００２年に導入された「ゆとり教育」と言われる学習指導要領にあります。公教育への不信は、言い換えると「ゆとり教育に対する保護者の不安」なのです。

学習指導要領とは文部科学省が定める基本的なカリキュラムのことで、公立の小学校から高校まで「この科目ではこういう内容を教えなさい」と定められています。

学習指導要領はほぼ10年ごとに改訂され、改訂されたものを新課程、改訂前のものを旧課程と呼びます。

02年の改訂に親が不安を抱いたのは、週5日制による授業時間の減少、絵本のように薄くなった小学校低学年の教科書、台形の面積の求め方の削除など、以前に比べておよそ3割も学習内容が削減されたことにあります。

国際的に比較して、日本の子どもの学力低下が指摘され始めたのもこの頃です。そのため、多くの保護者から「子どもの将来は大丈夫?」と不安の声があがり、公教育への不信となって広がっていったのです。

そんな公立校の騒動を尻目に、多くの私立一貫校では、子どもの学力が低下しないように、旧課程のままの授業を続けたり、休日となった土曜日に授業を行ったりしていました。2学期制を採用して定期試験による空白期間を短くし、できるだけ授業時間の確保に努めた学校もあります。

ただし、大学入試問題は新課程の範囲からしか出題されません。私立一貫校が旧課程の授業を行うのは、受験にかかわらず、子どもにしっかりとした学力をつけさせたいからです。また、以前に学んでいた部分は、大学入学後には必要になる学力なので、将来を見据《す》えた先取り学習をしているとも言えます。

私立一貫校は、公立校に新課程が導入されたことが追い風となり、人気が上がりました。その背景には、学校生活からカリキュラムにいたるまで教育方針が徹底しているので、安

ひみつ

私立一貫校は、学習指導要領改訂に左右されない

心して子どもを通わせることができるという親の評価があります。だからこそ毎年のように志願者を増やし続けているのです。

ゆとり教育のショックはまだ続いていますが、２０１２年からは新しい学習指導要領が実施されることになっています（小学校は２０１１年から）。すでに２００９年の４月から、その一部は先行実施されています。小学５、６年生で英語の授業が行われるようになり、中学１、２年生では「生きる力」を子どもたちに身につけさせる一環として、武道やダンスなどが必修科目になります。

授業時間数は、中学では週に１時間増え、高校では現在と変わらないものの、いまの時間数を超えた授業を行うことができるようになります。どの程度増えるのかは、これからの状況をみなければわかりませんが、中学で増える授業時間数をみる限り、公立と私立の差は縮まりそうにもありません。

中学進学は、四つのルートから選べる

かつては、公立中学から行きたい高校を選んで受験するというのが一般的な進学ルートで、小学生が試験を受けて私立中学へ進学するという選択肢は、ほんの一部の人のものと思われていました。

それが近年、以前では考えられないほど、中学進学のルートが多様化しているのです。私立大学や私立高校の学校改革などによって、私立中学（中高一貫校）の数が増えました。公立中学へ進学する場合も、学区にとらわれず自由に学校を選べる地域があったり、「適性検査」を受けなければ進学できない公立中学（中高一貫校）もつくられるようになりました。現在、中学へ進学するルートを大きく分けると、22ページの図で示したように四つのタイプの中学から選択できるようになっています。

①公立中学

公立中学への進学は、最も多くの人が選択するルートです。自由に中学を選択できる地域もありますが、一般的には学校を選ぶことはできず、決められた地元の中学に進学するしかありません。入学試験のない唯一のルートですが、高校には受験して合格しなければ進学できません。

公立中学から進学できる高校は、中学を併設していない私立高校か公立高校、あるいは、外部から高校募集を行っている国・公・私立の中高一貫校になります。

②中高一貫校

中高一貫校は全国で７００校ほどありますが、いちばん多いタイプが、中学と高校で生徒を募集している中高一貫校です。その中には公立の中高一貫校も含まれます。

少数ですが、このタイプでは高校から入学した生徒と中学から内部進学した生徒を分けて教育している学校もあります。開智《かいち》（埼玉）や横浜（神奈川）がそうです。高校募集を存続させることによって、公立中学からも優秀な生徒を集めるという狙いがあるようです。

③完全中高一貫校

完全中高一貫校は、高校で生徒募集をしないので、中学受験で合格しなければその後の入学チャンスはありません。最近は、高校で生徒募集をする中高一貫校が学校改革によって高校募集を停止し、完全中高一貫校に変わるケースが増えています。東京の学校の近年

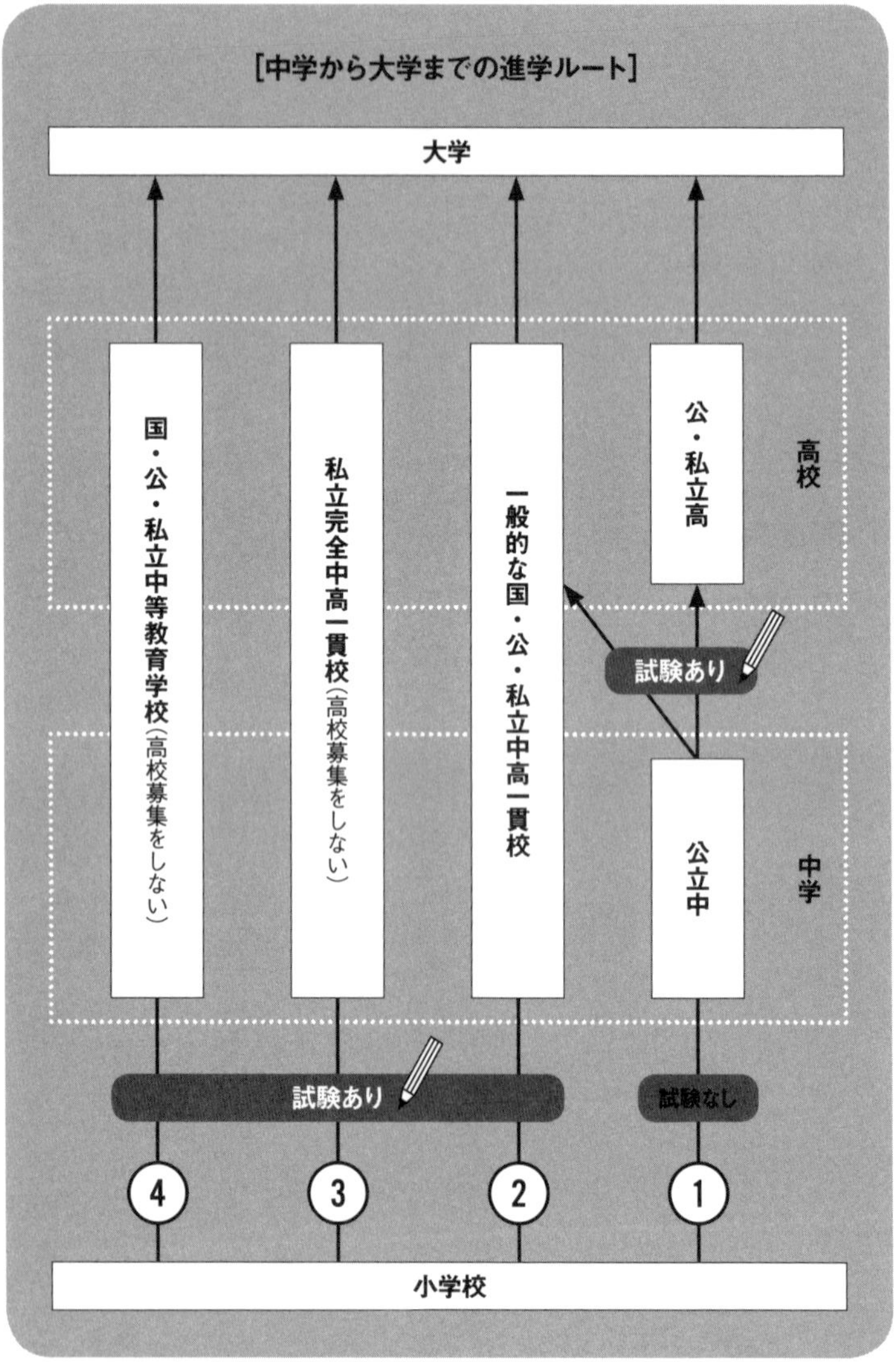
[中学から大学までの進学ルート]
大学
国・公・私立中等教育学校（高校募集をしない）
私立完全中高一貫校（高校募集をしない）
一般的な国・公・私立中高一貫校
公・私立高
高校
試験あり
公立中
中学
試験あり
試験なし
4
3
2
1
小学校

の例を挙げますと、女子校では光塩《こうえん》女子学院、共立女子、吉祥《きちじょう》女子、実践《じっせん》女子学園など、男子校では暁星《ぎょうせい》、獨協《どっきょう》、武蔵《むさし》など、いずれも人気校ばかりです。

なぜ、多くの中高一貫校が高校を募集停止にして、完全中高一貫校に変わっていくのでしょうか。それは、高校から入学してくる生徒より中学からの内部進学者のほうが学習進度が早いので、同じ学校なのにふたつのカリキュラムが必要になり、教育理念を実現しにくくなるためです。また、高校で入学する生徒より中学で入学する生徒のほうが校風になじみやすいことを理由に挙げている伝統校もあります。

今後もこのような学校改革によって完全中高一貫校が増え続けると、高校で生徒を募集する中高一貫校が減少します。その結果、公立中学へ進学した生徒は減少した学校の数だけ高校受験の機会を失い、高校選択の幅が狭まることになります。

④中等教育学校

中等教育学校は新しく設けられたタイプの学校です。完全中高一貫校と似ていますが、設立時から高校での募集は行わず、中学に相当する3年間を「前期」、高校に相当する3年間を「後期」と呼びます。

最初の中等教育学校は、1999年に設立された県立の五ケ瀬《ごかせ》（宮崎）です。その後、各地で新設が相次ぎ、2008年までに国・公・私立それぞれに36校が設置されています。中等教育学校は年々増加していますが、まだ卒業生がでていない学校も少なくありません。進学実績は、これから明らかになっていくことになります。

わが子の将来を考える時期としては、長い間、高校進学時がひとつの分岐点でした。将来、大学に進学するのか、手に職をつけて就職するのか、さまざまな選択肢の中から親子で進路を考えていました。子どもは中学3年生ですから、それなりの主体性をもって学校を選択し、受験することができました。

それがいまでは、分岐点が中学進学時にまで下がってきているのです。子どもは小学生ですから、まだ将来の展望をもつには年齢が低すぎます。もちろん子どもの希望が最も大切なものですが、中学選択にかかわる親の意見は、子どもの将来を考えるうえで重みを増していると言っていいでしょう。

ひみつ

公立王国だった千葉でも、私立一貫校がトップに

埼玉、千葉、東京多摩地区で、中高一貫校の人気が過熱

１９９９年以降、首都圏の私立一貫校の人気は上昇を続けていますが、最近、首都圏の中でもとくに人気が高くなっている地域があります。それは、埼玉と千葉、東京の多摩地区です。

以前は埼玉には、私立の一貫校がほとんどなく、優秀な生徒は公立中から、県立浦和《うらわ》、浦和第一女子、県立川越《かわごえ》などに代表される公立高に進学するか、都心の私立中に進学するのが一般的でした。同じく千葉でも県立千葉、県立船橋《ふなばし》、東葛飾《ひがしかつしか》などの公立高に、優秀な生徒が集中していました。それらの公立高は、いずれも長い歴史をもっていて、大学合格実績が高く、埼玉も千葉も長らく「公立王国」の名をほしいままにしていたのです。

ところが、そんな地域にも中高一貫校人気の波が押し寄せ、以前にも増して埼玉や千葉の小学生が都心の私立中に進学する割合が高くなってきました。そのため、地元にも私立中が設置されるようになってきたのです。

埼玉では栄東《さかえひがし》、西武学園文理《せいぶがくえんぶんり》、開智《かいち》などが人気で、栄東は2009年初めて2桁、11人の東大合格者をだしました。埼玉の私立校が10人以上の東大合格者をだしたのは初の快挙です。千葉では渋谷教育学園幕張《まくはり》が東大合格者数で初めて県立千葉を抜いて千葉県のトップに立つなど、大学合格実績の伸びは、よく知られているところです。

東京の多摩地区では、早稲田実業《わせだじつぎょう》や明治大付明治《めいじだいふめいじ》が都心から移転してきた影響で、選べる中学が増え、中高一貫校への関心が高まっています。

埼玉、千葉、多摩地区のように、これまで中高一貫校にそれほど関心の高くなかった地域の親も、資金を十分投入された新しい学校が身近に設置されると、校舎をみただけで私立への興味がわいてきます。近所の学校ですから知り合いの子どもが進学するケースもあり、その評価が高いと聞くと、うちの子も進学させたいと思うようになるでしょう。

また、子どもが「どうしても行きたい」と言いだせば、親はなんとかしてあげたいと思い、進学させるために塾に通わせることになります。塾はさまざまな情報を発信していますから、近所の私立中だけでなく、6年一貫教育という教育方針に関心をもつようになり、さらに学校の選択肢が広がっていくのです。

習熟度別授業で、生徒のやる気を引きだす

私立一貫校の生徒は、当たり前のことですが、全員が中学入試に合格して入学しています（併設小学校のある雙葉《ふたば》や白百合《しらゆり》学園、桐朋《とうほう》、慶應《けいおう》義塾《ぎじゅく》や早稲田《わせだ》実業《じつぎょう》などでも中学進学は厳しくなっています）。つまり、生徒たちが一定以上の学力をもっていることを先生は熟知しているので、生徒の学力を効率よく伸ばしていくことができるのです。

上位校の優秀な生徒の場合は、小学生の時に学習習慣がしっかり身についているので、生徒の自主性にまかせていても難関大に合格していきます。上位校に校内の雰囲気が自由な学校が多いのはそのためです。

そういった上位校は私立一貫校全体の中の少数です。上位校ではない学校が難関大に生徒を合格させるためには、6年間を通して生徒にいかに学力をつけるかが重要になってきます。

かつては難関大に入っていなかったのに、大学合格実績を大きく伸ばしている学校は、生徒の学力を底上げするために、主要教科の授業時間を多くとっています。科目によっては、授業時間数を公立の倍もとっている学校があるほどです。

しかし、いくら時間数が多くても学習の基本が身についていなければ、砂上《さじょう》の楼閣《ろうかく》になってしまいます。そのため、予習、復習のやり方、教科ごとのノートのとり方、辞書の引き方などを最初に指導する学校が増えています。上位校でも中学1年の早い段階でこうした基本事項を教えるのです。

授業についていけない生徒がでてきた場合は、落ちこぼれないように、それぞれの学力に合わせた習熟度別授業を取り入れて、生徒のやる気を引きだしています。

習熟度別授業では、生徒は科目ごとに、自分の学力に合ったクラスに移動して授業を受け、学力アップを目指します。裏を返せば、先に進んでいる生徒のクラスもできるので、中学1年という早い時期から取り入れている学校は少ないようですが、中学2、3年から採用する学校が多くなり、さらに高校になるとその校数は増えていきます。

どの段階のクラスに入るかは、成績をもとに先生が振り分ける場合と、本人や親の希望とあわせて決まる場合とがあるようです。

先取り学習、コース制で学力アップを図る

私立一貫校で行われている教育のひとつに、先取り学習があります。

先取り学習とは、次の学年のカリキュラムを前倒しで学んだり、大学に入ってから必要になる学習内容を取り入れることなどを言います。多くの学校が導入している先取り学習は、6年間を最大限に生かして、中学2年生までに中学のすべてのカリキュラムを終え、中学3年生からは高校のカリキュラムを学び始めるという方法です。高校のカリキュラムを3年かけて終えると、高校2年生までに中高で学ぶべき教育課程がすべて修了します。そして、3年生になると大学受験対策に集中するのです。

中学入試で学力のある生徒が入学してくる上位校では、ほとんどの学校がこうした先取り学習を取り入れていますが、実施していない学校も少なくありません。先取り学習よりも、習熟度別授業で遅れている生徒の学力フォローに力を入れるなど、教育方針は学校に

ひみつ

ほとんどの上位校が、高2までに中高の全課程を修了する

よってさまざまです。

大学付属の一貫校では、上位校のような先取り学習は基本的に行っていません。エスカレーター式に併設大学へ進学できるからです。

付属校には、フランス語やドイツ語など、早くから英語以外の第二外国語を授業に取り入れている学校があります。第二外国語は大学入学後に役立つ先取り学習の代表と言っていいでしょう。

また、私立一貫校では中学からコース制をとっている学校もあります。近畿《きんき》大付（大阪）の「医薬進学コース」、栄東《さかえひがし》（埼玉）の「東大クラス」などは、中学入試からコースで生徒募集を行っています。

東京や神奈川の私立一貫校では、コース募集をしているところは少数派です。高校に進学してから、選抜コースなどに優秀な生徒を集めるのが一般的です。

ほとんどの私立一貫校は高校1年あるいは2年から文系、理系に分かれますが、最近は、そのふたつをさらに細かく分け、国公立大や難関私立大などを目指す選抜コース、医・歯・薬コースなど、進路を見据《す》えたコース分けをしている学校が多くなっています。生徒や親の希望を踏まえ、それに見合った実力をつけるためにはどうしたらいいのか、さまざまな工夫をこらしているのです。

中高一貫校は、２００８年に全都道府県に設置

２００５年、富山に新設された片山学園《かたやま》は、08年に高校も開校し、富山初の中高一貫校となりました。これによって47都道府県すべてに中高一貫校が設置されたことになります。

私立中の設置は現在も全国で進められています。２００９年、首都圏で新設された私立一貫校は、東京農業大第三高付（埼玉）、日本大藤沢《にほんだいふじさわ》（神奈川）で、大変な人気でした。他にも聖隷《せいれい》クリストファー（静岡）、霞南至健《かなんしけん》（茨城、高校は霞ヶ浦《かすみがうら》高）などが新設されましたが、いずれもすでに高校があるので、新たに中学を新設して中高一貫校を開校することになりました。

２０１０年は有名大学の付属（系属）の中学が新設ラッシュとなります。中央《ちゅうおう》大付（東京）、早稲田《わせだ》大高等学院（東京）、関西大北陽《かんさいだいほくよう》（大阪）、早稲田佐賀《わせださが》（佐賀）が開校します。なかでも、中央大付は中央大初めての中学（中高一貫校）になるので、大いに注目されています。早稲田佐賀以外はすでに高校があるため、まったく新しい一貫校ではありませんが、地元を中心にかなりの人気を集めるとみられています。

この他にも昌平《しょうへい》（埼玉）、成立学園《せいりつ》（東京）、岡山学芸館清秀《せいしゅう》（岡山）など、進学校タイプの中学も新しく開校します。2011年も日本大桜丘《にほんだいさくらがおか》（東京）、二松学舎大付沼南《にしょうがくしゃだいふしょうなん》（千葉）などの中学が開校予定です。

新設される中高一貫校には、大学合格実績への大きな期待も寄せられているようです。しかし、中学を新たにつくって中高一貫校になりましたと言っても、すぐに大学合格実績が伸びるとは限りません。6年間を通して、入学した生徒をどのように学力アップさせるのか、その設計図とも言えるカリキュラムはどうなっているのかなど、教育の中身がしっかりとした理念に基づいていることが重要になります。

たとえ、それらが整っているようにみえても、最初は手探りで始めるわけですから、どうしても軌道修正《きどう》が必要になってきます。それが落ち着くまで2、3年はかかるようです。土浦《つちうら》日本大中等教育学校（茨城）は、2009年初めて83人の一貫校生を送りだしたのですが、東大に1人、筑波《つくば》大に4人など難関大に多数の合格者をだしました。新設校で、こういう大学合格実績をだすケースは珍しいと言っていいでしょう。

では、なぜ同校が実績をだせたかというと、そのひみつは独自の教育方針にあります。英語教育に力を入れ、ネイティブの先生がいるのはもちろん、6年間を通して3回の海外研修（イギリス2回、アメリカ1回）を取り入れています。校内の表示もすべて英語とい

ひみつ

新設校の大学合格実績に、多大な期待は禁物

う徹底ぶりです。

新設の中高一貫校に多大な期待は禁物ですが、土浦日本大中等教育学校のような例もありますので、どのような教育を行おうとしているのか、よく調べることが大切です。

そして新設校には、新しい学校ならではの良さがあります。歴史のある中高一貫校はすでに校風ができあがっています。伝統校はその校風が魅力となっているわけですが、新設校では校風を親、先生、子どもたちでつくりあげていくことができるのです。ゼロから立ち上げていくフロンティア精神は、子どもの人生において貴重な財産となるに違いありません。

今後の大学合格実績に注目が集まる公立一貫校

公立の中高一貫校は、1999年に最初に設置されて以来、年々その数を増やしています。2008年には158校で、2009年以降の予定を含めるとその数は175校にも上り、43都道府県に設置されることになります。まさに、全国規模で人気になっているのです。

公立一貫校に入学するには、中学入試にあたる「適性検査」を受けるわけですが、私立中受験に備えて塾で学んできたことがそのまま生かせるわけではありません。むしろ、適性検査用の学習が必要だと言われています。

また、抽選で最終的な合格者を決めるケースもあり、試験の違いから私立中とは併願しにくいこともあって、これまでは私立中を受験する生徒とその親にはあまり人気はありませんでした。ところが、6年一貫教育の良さと家計にやさしい経済的な面が親の目にとまり、いまでは志望校上位に入ってくる学校もでてくるようになりました。

公立一貫校には「中等教育学校」「併設型」「連携型」の三つのタイプがあります。

中等教育学校は、6年間を前期と後期に分けた新しいタイプの一貫校です。併設型は高校に付属中が新設された一貫校で、連携型は高校が地域の中学何校かと連携して中高一貫教育を行う学校です。この三つの中で中学入学時に選抜を行うのは、中等教育学校と併設型の一貫校です。

では、人気上昇中の公立一貫校は、どのような成果をだしているのでしょうか。大学合格実績でみてみましょう。

併設型の岡山操山《そうざん》（岡山）と浜松西（静岡）は、2008年、一貫校になってから入学した生徒が初めて卒業しました。岡山操山は、その前の年に合格0人だった東大に4人、京大に6人合格し、前年4人だった大阪大も12人に伸びました。浜松西もこれまで実績のなかった東大と京大に1人ずつ合格者をだし、早・慶・上智の合格者数も増加しました。ただし、岡山と静岡のトップ校は県立岡山朝日と県立浜松北で、この2校の実績にはまだまだ及びません。

2008年に併設型の一貫校となった県立千葉は、それまで千葉のトップ校だったこともあり、07年に実施された学校説明会には3200人もの参加がありました。今後の大学合格実績も含めて、6年一貫教育に寄せる親の期待は大きいと言っていいでしょう。

ひみつ

公立一貫校の魅力は、家計にやさしい6年一貫教育

2章

中高一貫校の大学進学

東大合格者数ベスト10は、15年連続すべて中高一貫校

中高一貫校選びのひとつの目安となるのが、大学合格者人数（合格実績）です。なかでも最難関の東大の合格者数は、世間の大きな注目を集めています。「どこの一貫校が伸びて、どこが減ったのか」といった関心は、中学受験を考えている親の間でも年々高まっています。

左ページの東大合格者数の学校別ランキングをみてください。

１９９４年から２００９年まで、私立と国立の中高一貫校が15年連続でベスト10を独占しています。大学の合格実績に関しては「難関大であればあるほど、中高一貫校が有利」と言われる理由がここにあります。09年は開成《かいせい》（東京）が前年に比べ合格者数を50人減らしたにもかかわらず、28年連続でトップの座を守りました。

また、15年間でベスト10のメンバーは、ほとんど変わっていません。94年にベスト10入りしていた桐蔭《とういん》学園（神奈川）と駒場東邦《こまばとうほう》（東京）が姿を消し、代わって09年には聖光《せいこう》学院（神奈川）と東大寺《とうだいじ》学園（奈良）が入っただけです。

15年たっても、わずか2校しか入れ替わっていないのです。東大合格者数のベスト10は、

ひみつ

難関大であればあるほど、中高一貫校が有利

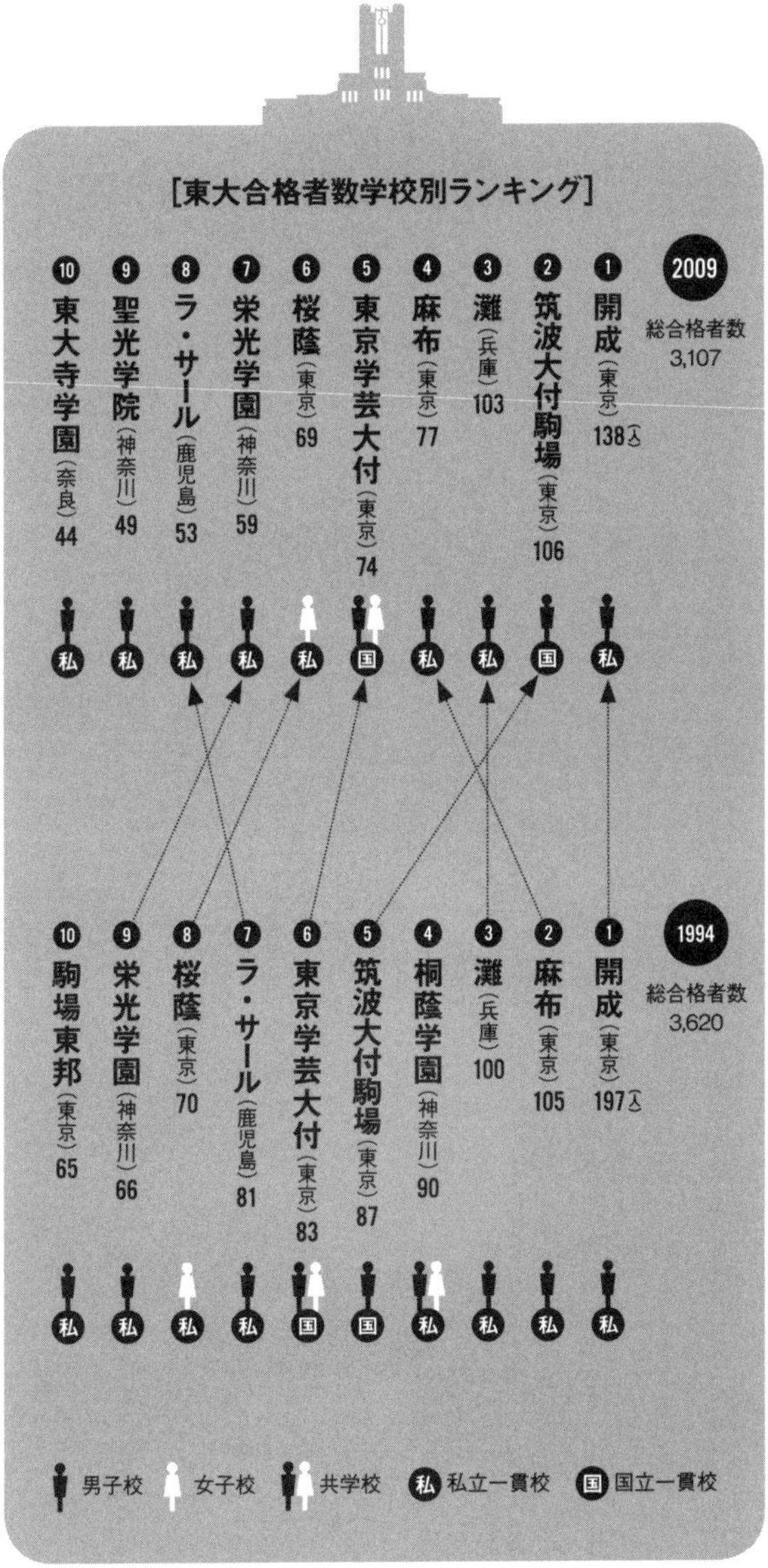
[東大合格者数学校別ランキング]
2009
総合格者数
3,107
1 開成（東京）138人
2 筑波大付駒場（東京）106
3 灘（兵庫）103
4 麻布（東京）77
5 東京学芸大付（東京）74
6 桜蔭（東京）69
7 栄光学園（神奈川）59
8 ラ・サール（鹿児島）53
9 聖光学院（神奈川）49
10 東大寺学園（奈良）44
私 国 私 私 私 国 私 私 私 私
1994
総合格者数
3,620
1 開成（東京）197人
2 麻布（東京）105
3 灘（兵庫）100
4 桐蔭学園（神奈川）90
5 筑波大付駒場（東京）87
6 東京学芸大付（東京）83
7 ラ・サール（鹿児島）81
8 桜蔭（東京）70
9 栄光学園（神奈川）66
10 駒場東邦（東京）65
私 私 私 私 国 国 私 私 私 私
男子校
女子校
共学校
私 私立一貫校
国 国立一貫校

中高一貫校の独占というよりも、上位の一貫校による寡占《かせん》といったほうが当たっているようです。

これから東大合格者数のランキングは、どうなっていくのでしょうか。15年間ほとんど変化がなかったからといって、今後もそうだとは限りません。時代によっては、いまベスト10に入っている常連校が、東大よりも海外の有名大学、または地元の国公立大医学部を目指すことに価値をおくようになることもあり得ます。

実際に、ベスト10の東大寺学園（奈良）は地元の京大志向が強い一貫校です。2009年はたまたま京大から東大に志願者が流れただけかもしれません。また、これまで9回トップの座についたことのある灘《なだ》（兵庫）では、理系の優秀な生徒は東大よりも他の国公立大の医学部を目指す傾向があるとみられています。

他にも、マニフェストに難関大学への目標合格者数を掲げるなど、教育熱心な中高一貫校が設立されています。これらの学校の今後の伸びも見逃せないでしょう。

東大ランキングトップの学校は、戦後わずか６校でうち４校が中高一貫校

42ページの表は、１９４９年以降の東大合格者数1位の高校の移り変わりを表したものですが、ここからも一貫校躍進の過程がみえてきます。

いまでこそ中高一貫校は東大合格者数のベスト10を占《し》めていますが、かつては都立高の日比谷《ひびや》が現在の開成《かいせい》（東京）のようにトップの座を守り続け、都立高が上位を独占していました。中高一貫校では、麻布《あざぶ》（東京）がベスト10に入っていただけでした（麻布は50年以上にわたって東大ランキングベスト10に君臨《くんりん》する唯一の学校です）。

日比谷をはじめとする都立高は、なぜベスト10から姿を消してしまったのでしょう。

それは都立高の入試制度が１９６７年に改められて、学校群制度（82年からはグループ合同選抜）が導入され、都立高の入試に合格しても進学先は群の中の高校に振り分けられて、日比谷に行きたくても別の学校に進学させられるということが起こったからです。学校群制度の狙いは、東京都の「教育は福祉と同じで、高校間格差があってはならない」という考えのもと、東大合格者を一部の都立高に集中させるのではなく、多くの高校で分割して1校あたりの合格者数を平均化しようということにあったのです。

[東大ランキングトップの変遷]

1949	一高(旧)(東京)	1970	灘	1991	開成
1950	一高(旧)	1971	教育大付(東京)	1992	開成
1951	日比谷(東京)	1972	灘	1993	開成
1952	日比谷	1973	教育大付駒場(東京)	1994	開成
1953	日比谷	1974	灘	1995	開成
1954	日比谷	1975	灘	1996	開成
1955	日比谷	1976	灘	1997	開成
1956	日比谷	1977	開成(東京)	1998	開成
1957	日比谷	1978	灘	1999	開成
1958	日比谷	1979	開成	2000	開成
1959	日比谷	1980	灘	2001	開成
1960	日比谷	1981	灘	2002	開成
1961	日比谷	1982	開成	2003	開成
1962	日比谷	1983	開成	2004	開成
1963	日比谷	1984	開成	2005	開成
1964	日比谷	1985	開成	2006	開成
1965	日比谷	1986	開成	2007	開成
1966	日比谷	1987	開成	2008	開成
1967	日比谷	1988	開成	2009	開成
1968	灘(兵庫)	1989	開成		
1969	入試中止	1990	開成		

一高→国立校　**日比谷**→公立校　**灘**→私立一貫校　**教育大付**→国立一貫校
教育大付駒場→国立一貫校　**開成**→私立一貫校

ところが、そんな狙いとはうらはらに、時あたかも高度経済成長期で家計に余裕のある家庭が増え、同時に親の教育熱も高まって、「日比谷に進学できず、離れた都立高に通うのなら、近場の私立進学高へ」という流れがはっきりし始めます。

学校群制度によって都立高に入学した生徒が、最初に卒業したのは１９７０年。その時の日比谷の東大合格者数は99人で、5位に落ちました。そして、それ以降、ベスト10から姿を消してしまったのです。都立高全体としては、１９７７年に西《にし》が53人合格して10位に入ったのを最後に、30年以上もベスト10から落ちたままです。

都立高の人気凋落《ちょうらく》で、開成をはじめとする中高一貫校の大学合格実績が伸びていくわけですが、「日比谷や両国に行けなかった生徒が、私立高に入学してきたことが大きい」と当時の事情を知る学校関係者は話します。

こうした一連の動きが、中高一貫校ブームにつながっていく原点です。「私立は公立のスベリ止め」「一貫校はお金持ちの子が行く学校」という風潮を変えていくきっかけになったのです。その気運をさらに高めたのが、6年一貫教育による大学合格実績のアップでし

ひみつ

開成の東大合格者は、年平均１１１人

た。日比谷に代わってトップに立ったのは兵庫の灘《なだ》で、教育大付《きょういくだいふ》（現・筑波大付《つくばだいふ》）、教育《きょういく》大付駒場《だいふこまば》（現・筑波大付駒場《つくばだいふこまば》）と三つ巴《みどもえ》のトップ争いになりました。

その後、開成の独壇場《どくだんじょう》となっていくのですが、結局、東大入試が戦後に再開されてから合格者数ランキングのトップに立った学校はわずか6校で、一高《いちこう》と日比谷を除くとすべて私立と国立の中高一貫校なのです。戦前、圧倒的に東大に合格者を送りだしていた一高は、旧制5年制の国立の高校でしたから、戦後の一貫校の系譜《けいふ》につながると言ってもいいでしょう。

首都圏の中高一貫校が伸び始めたのは、70年代後半です。開成、麻布に加えて男子御三《ごさん》家《け》と言われる武蔵《むさし》（東京）も75年には東大ランキングベスト10に登場してきます。その後、神奈川の栄光《えいこう》学園や鹿児島のラ・サールが登場し、中高一貫校は全国的に注目されるようになっていくのです。

82年以降、開成は東大ランキングでずっとトップの座を守り続けていますが、同校が合格実績を伸ばしてきた過程をみると、私立一貫校が人気となり中学入試が厳しくなっていくパターンがみえてきます。

開成は高校でも生徒募集をしている中高一貫校です。当初は高校からの入学者によって大学合格実績が押し上げられ、学校の雰囲気がいい、交通の便がいいという要素も加わり人気が上がり始めました。人気とともに高校の偏差値が上がると、今度は中学から入学しようとする生徒が増え、中学の偏差値も上がり、人気の私立一貫校となったのです。

このようなパターンで人気校となった学校、または人気校を目指している学校が最近取り組んでいるのは、優秀な生徒を早い段階で確保するために高校募集枠の人数を減らしたり、高校を募集停止にして完全中高一貫校にするといった学校改革です。中学入試はさらに厳しくなり、過熱していく傾向にあると言えるでしょう。

さて、46ページの東大合格者数の累計ランキングは、人気の私立、公立、国立の学校がこれまで積み上げてきた実績です。1950年から2009年に合格した生徒までを含めて学校別に東大合格者数を集計し、ランキングベスト20をだしました（古いデータでは1〜2人の合格者数が抜けている年があり、実際の数より少ないケースもあります）。

トップの開成は6574人で、2位の灘に1376人の差をつけダントツです。開成の合格者は年平均111人で、唯一100人を超えています。

42ページの表でトップを記録した開成以外の5校は、累計でもベスト10入りしています。武蔵は東大合格者がいまは減っていますが、累計すると東京の男子校では開成、麻布、武蔵の3校がベスト3です。男子御三家と言われる由縁《ゆえん》はここにあるのです。

[東大の合格者数累計ランキング]

※1950～2009年の累計。累計総合格者数 177,048

1	開成(東京)	私	6,574(人)
2	灘(兵庫)	私	5,198
3	麻布(東京)	私	4,667
4	筑波大付駒場(東京)	国	4,418
5	東京学芸大付(東京)	国	3,871
6	ラ・サール(鹿児島)	私	3,418
7	筑波大付(東京)	国	3,417
8	日比谷(東京)	公	3,071
9	西(東京)	公	3,020
10	武蔵(東京)	私	2,792
11	栄光学園(神奈川)	私	2,772
12	戸山(東京)	公	2,765
13	県立浦和(埼玉)	公	2,457
14	湘南(神奈川)	公	2,280
15	県立千葉(千葉)	公	1,820
16	桐蔭学園(神奈川)	私	1,732
17	小石川(東京)	公	1,706
18	桐朋(東京)	私	1,676
19	駒場東邦(東京)	私	1,668
20	桜蔭(東京)	私	1,626

男子校
女子校
共学校
私 私立一貫校
国 国立一貫校
公 公立校

2008年に県立千葉が、2006年に小石川が一貫校になるが、まだ卒業生はでていない。

東大合格者数で、公私に大きな差

東大合格者の出身校を私立、公立、国立でみた場合、どこがどのくらい多いのか、その比率をグラフにしてみました（48ページ）。

まず、１９９０年をみてください。89年は私立より公立のほうが上になっていますが、90年にはわずかな差で私立が公立を逆転しています。それ以降、私立は着実に合格者を増やし、公立の占める割合は下がる一方になりました。

公立が下降したのは、たとえば東京の都立高では90年代まで学校が熱心な進学指導を行うことをタブー視する雰囲気があり、トップ校でも大学受験は生徒まかせが原則だったためです。難関大を目指す都立高生は塾や予備校に頼らざるを得ませんでした。

そんな状況をみた親たちは、熱心に進学指導をしてくれる私立一貫校に子どもを通わせ始めたのです。

ところが、グラフの２００８年と09年をみると、少し公立の占有率がアップしています。それは、難関大進学に力を入れる都立高が設置されたためです。いわゆる、進学指導重点校です。２００１年に日比谷《ひびや》、西、戸山《とやま》、八王子東《はちおうじひがし》、その後、青山、国立《くにたち》、立川《たちかわ》も進学指

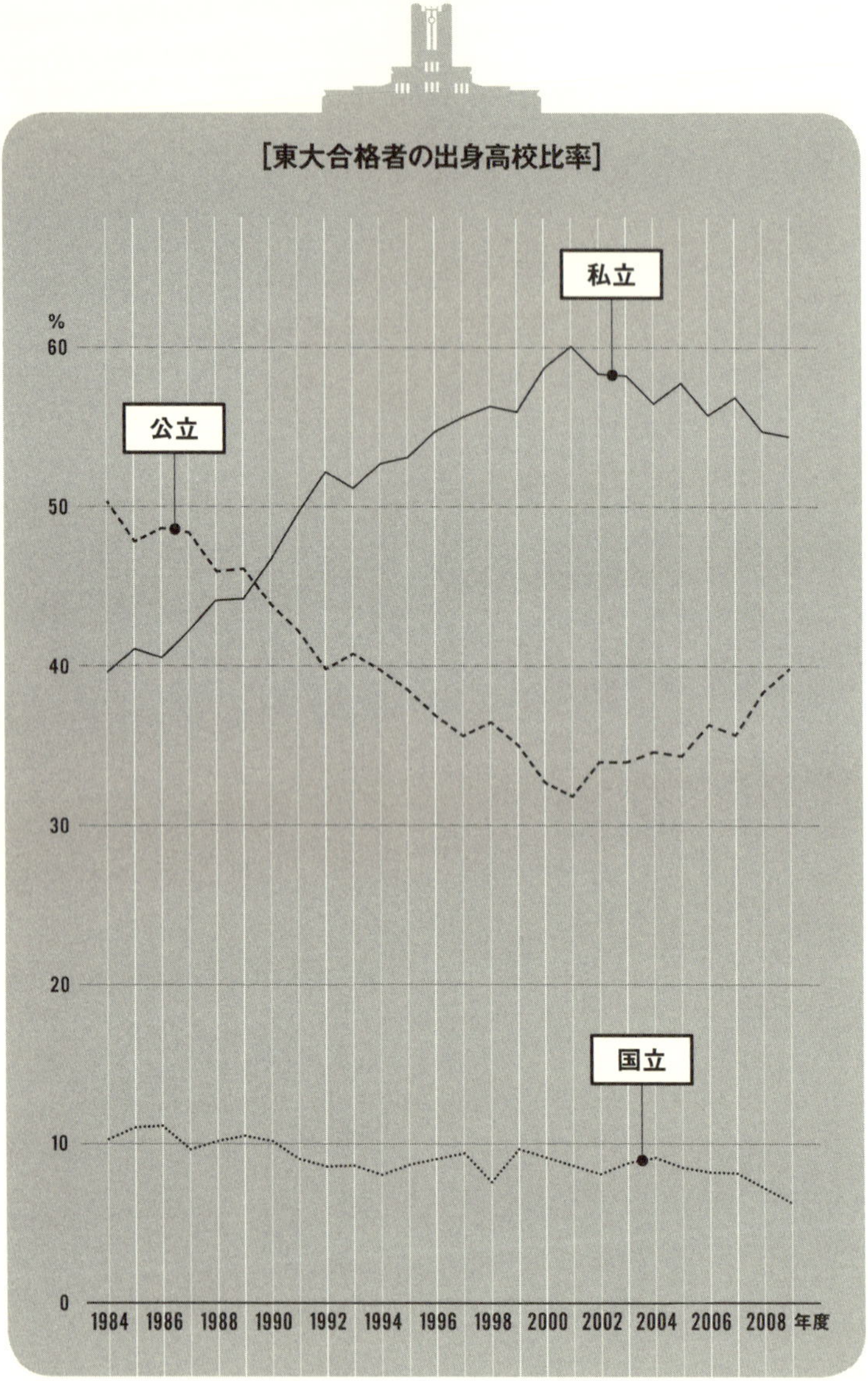
[東大合格者の出身高校比率]
私立
公立
国立
%
60
50
40
30
20
10
0
1984
1986
1988
1990
1992
1994
1996
1998
2000
2002
2004
2006
2008
年度

導重点校になりました。

難関大学への合格目標者数をたて、補習授業を行えるように改革し、高校が希望する生徒を入学させることができるように、都立高共通の入試問題ではなく自校作成問題の入試を実施できるようにしました。

さらに、03年からは、東京の学区が撤廃《てっぱい》され、希望する高校ならどこでも受験可能になったため、公立中から優秀な生徒が進学指導重点校に集まり始めたのです。

その結果、日比谷は進学指導重点校になってから入学した生徒が、初めて大学受験に挑戦した05年に、東大合格者が前年の3人から14人に急増、2桁の合格者を送りだしたのは実に16年ぶりでした。その翌年は12人、07年は28人に倍増したのです。

このまま順調に伸びていくのではないかと思われていた日比谷ですが、08年は13人に半減します。09年も16人にとどまりました。

合格者数が伸び悩んでいる理由は、首都圏は私立中に進学するケースが全国で最も多い地域なので、優秀な生徒は中学段階で一貫校に進学しているからだとみられています。

ひみつ

中高一貫校の壁をまだまだ超えられない、進学指導重点校

東大の合格者の95%以上が、現役と1浪

東大というと「難しいから浪人するのが当たり前」と思っている方が多いのではないでしょうか。ところが、実際は現役生のほうが圧倒的に多いのです。

2009年の東大合格者の内訳をみると、3人に2人（65・4%）が現役で、1浪までの合格者を加えると96・7%になります。2浪以上の多浪生はほとんどいないのです。20年前（1989年）の合格者の現役占有率は57・9%でしたから、現役の合格率は10ポイント近く伸びていることになります。なぜ、現役の占める割合が高くなったのかというと、私立一貫校の現役受験生の東大合格率が高いからです。

そもそも東大の入試問題は、知識の量を問う問題ではないため、浪人して勉強を積み重ねれば合格率が上がるということはありません。東大は考えさせる問題を出題しており、しかも記述式が中心なので、知識の量が増えたとしてもそれほど有利にはならないのです。

そういった考えさせる入試問題に、私立一貫校の教育方針がマッチしたわけです。生徒に考える力をつけ、それをきちんと表現できるようにする「テーマ学習」、将来の

ひみつ

東大の考えさせる入試が、私立一貫校の教育理念とマッチ

自分を思い描き、いまの自分は何をしたらよいのかを考える「キャリア教育」など、自分で考える習慣を身につけさせる教育を中学1年から展開しているのです。

たとえば、海城《かいじょう》（東京）は進学校ですが、先取り学習を行っていません。その時間を主に基礎学力の充実とテーマ学習に使っています。中学3年には生徒が自由に選んだテーマで、原稿用紙50枚の「卒業論文」を書きます。先生は一人ひとりのテーマに真摯《しんし》に向き合い、生徒の思考の仕方、表現方法などを指導するのです。

海城が掲げる最終目標は、難関大への合格ではありません。テーマ学習の導入には、大学入学後も自らテーマをもって勉学に励み、社会のリーダーになることを目標にしてほしいという教育理念があるのです。

また、私立一貫校ではキャリア教育も盛んに行われています。なかでも品川女子学院（東京）の「28歳プロジェクト」はテレビでも紹介され、話題になりました。28歳になった自分が社会で活躍している姿を中学1年の時に作文に書かせ、そのためにはいま何を考え、何をしたらよいのかを先生が指導するのです。その狙いは、いまの自分と将来の自分はつながっているとと自覚させることにあるそうです。

私立一貫校の多くは、「進路指導」にも力点をおいています。進路指導とは将来の自分を思い描くという点でキャリア教育にもつながるのですが、たとえば大学教授を招いて、バイオ、脳科学、法律、文学など専門分野の講義をしてもらい、生徒に知的好奇心を抱かせ、将来について考えさせることを狙いとしています。

このように受験対策とは一線を画する「よく考え、表現する教育」が、東大現役合格にも有利に働いているわけです。東大の入試問題と私立一貫校の教育がマッチしたのは、あくまでも結果にすぎないと言っていいでしょう。

生徒は自分なりの将来の目標をもち、それを達成するために大学に進学して勉強するということを、いま述べたような学習を通して理解します。その結果として、大学名にこだわって浪人する生徒が少ないことも、私立一貫校の特徴になっています。

西日本では、東大・京大理系より国公立大医学部

中高一貫校の大学合格実績では、東大や京大の合格者数だけに目を奪われがちですが、医学部も中学入試における志望校選びの重要な要素になってきています。昔から優秀な生徒は医学部を志望していましたが、いまはその比ではありません。中学に入学する段階で、医師を目指す生徒がかなり増えているのです。

さらに、上位の私立一貫校で行われる文系、理系のクラス分けでも、近年、理系クラスを選ぶ生徒が増えています。とくに西日本では理系クラスのほとんどの生徒が医学部を志望しているのです。

54ページの国公立大医学部の合格者数ランキングをみてください。

中高一貫校が、東大ランキングと同じく、国公立大医学部でも圧倒的な強さをみせています。ベスト20の内訳は、私立一貫校が17校、国立一貫校が1校、公立校が5校となっています（20位が4校あるため、合計23校）。医学部ランキングをベスト10に絞ると、1～9位までを私立一貫校が占め、公立校が10位に1校入っているだけになります。私立一貫校の占有率は90％にアップします。

[2009年 国公立大医学部合格者数ランキング]

※総合格者数 5,120

順位	学校名	男女	種別	人数
1	東海(愛知)	男子校	私	96(人)
2	ラ・サール(鹿児島)	男子校	私	89
3	洛南(京都)	共学校	私	76
4	東大寺学園(奈良)	男子校	私	70
5	灘(兵庫)	男子校	私	68
6	久留米大附設(福岡)	共学校	私	64
7	愛光(愛媛)	共学校	私	52
8	大阪星光学院(大阪)	男子校	私	51
9	青雲(長崎)	共学校	私	49
10	札幌南(北海道)	共学校	公	47
10	桜蔭(東京)	女子校	私	47
12	四天王寺(大阪)	女子校	私	46
12	甲陽学院(兵庫)	男子校	私	46
14	広島学院(広島)	男子校	私	45
15	開成(東京)	男子校	私	43
15	洛星(京都)	男子校	私	43
15	智辯学園和歌山(和歌山)	共学校	私	43
18	浜松北(静岡)	共学校	公	39
19	東京学芸大付(東京)	共学校	国	36
20	札幌北(北海道)	共学校	公	35
20	秋田(秋田)	共学校	公	35
20	岐阜(岐阜)	共学校	公	35
20	滝(愛知)	共学校	私	35

男子校
女子校
共学校
私 私立一貫校
国 国立一貫校
公 公立校

※久留米大附設は中学は男子校

ひみつ

地方の私立一貫校が、国公立大医学部合格者数の上位を独占

また、日本を東西に分けると1～9位の私立一貫校はすべて西日本の学校です。

これらの一貫校では、東大の理Ⅰ（工学系）、理Ⅱ（農学、薬学系）、京大の工学部や理学部に進学するより、他の国公立大医学部を目指す受験生が多いのです。先にも述べましたが、西日本では理系クラスのほとんどの生徒が医学部志望になってきているためです。

一方、東大ランキング常連の首都圏の男子校では、15位の開成《かいせい》（東京）しか入っていません。こちらは医学部よりも東大志向のほうが強いようです。

ランキングでは、東海《とうかい》（愛知）が2年連続でトップを守り、ラ・サール（鹿児島）も２００８年に続いて2位、洛南《らくなん》（京都）は合格者数を08年の36人から76人に増やして3位になっています。洛南の合格者が倍増した理由は、男子校から共学になって２００９年に初めて卒業した女子の影響もあるとみられます。

10位の桜蔭《おういん》（東京）と12位の四天王寺《してんのうじ》（大阪）は、東西を代表する女子校です。両校とも前年よりも合格者数を増やし、女子の医学部志向の高さをうかがわせます。

女子校に限らず、前年に比べて合格者数が増えている学校が多いのは、僻地《へきち》医療や小児科・産科などでの医師不足が社会問題となり、緊急医師確保対策が制定されて医学部の定員が増えたことによります。2009年の入試では国公私立大あわせて、およそ700人増、定員は8486人で史上最高となったためです。

ランキングには入っていませんが、近畿《きんき》大付（大阪）や岡山（岡山）などには、医学部を目指すコースが中学入試の段階で設置されています。他にも医学部志望者の多い学校では、現役の医師を招いて仕事について語ってもらうなど、学力だけではなく心の面での医療人としての教育も行っています。

また、医学部は国公立大と私立大の学費の差が大きい学部です。2009年の学費をみますと、国立大の初年度納入金の標準額は81万7800円ですが、私立大の平均額は約852万円で国立大の10倍以上です。このような差が6年間続くわけですから、医学部を目指すなら国公立大に進学してほしいと思う親が多いのです。

ただし、国公立大の難易度は東大や京大の理系とあまり変わらないほど難関です。最難関学部と言われる由縁《ゆえん》です。また、私立大医学部では、学費が安いところほど難易度が高い傾向にあります。

東は「ＭＡＲＣＨ」西は「関関同立」合格が、親の最低希望

中高一貫校の生徒が、首都圏の主要大学にどのくらいの割合で合格したのかを円グラフで表してみました（58ページのグラフ参照。09年度の数値）。東大では83％、慶應義塾大が71％と高く、続いて上智大63％、早稲田大58％と合格者の半分以上を中高一貫校生が占めています。そして、明治大や中央大も45％と合格者の半数に迫る勢いです。

このように多くの中高一貫校生が首都圏の難関大に進学しているわけですが、子どもを私立一貫校に進学させる親は、どのレベルの大学に子どもが合格すると満足するのでしょうか。最低希望とよく言われているのが、東はＭＡＲＣＨ《マーチ》（明治大、青山学院大、立教大、中央大、法政大）、西は関関同立《かんかんどうりつ》（関西《かんさい》大、関西《かんせい》学院大、同志社大、立命館大）への現役合格です。

大学入試では学費の問題もあり、全国的にみれば国公立大人気が高いのですが、大都市圏では少し事情が違ってきます。

首都圏では早慶をはじめとするＭＡＲＣＨなどの有名私立大の人気が高いのです。東京の有名私立大は日本のリーディングカンパニー（有名一流企業）への就職者が多く、地方

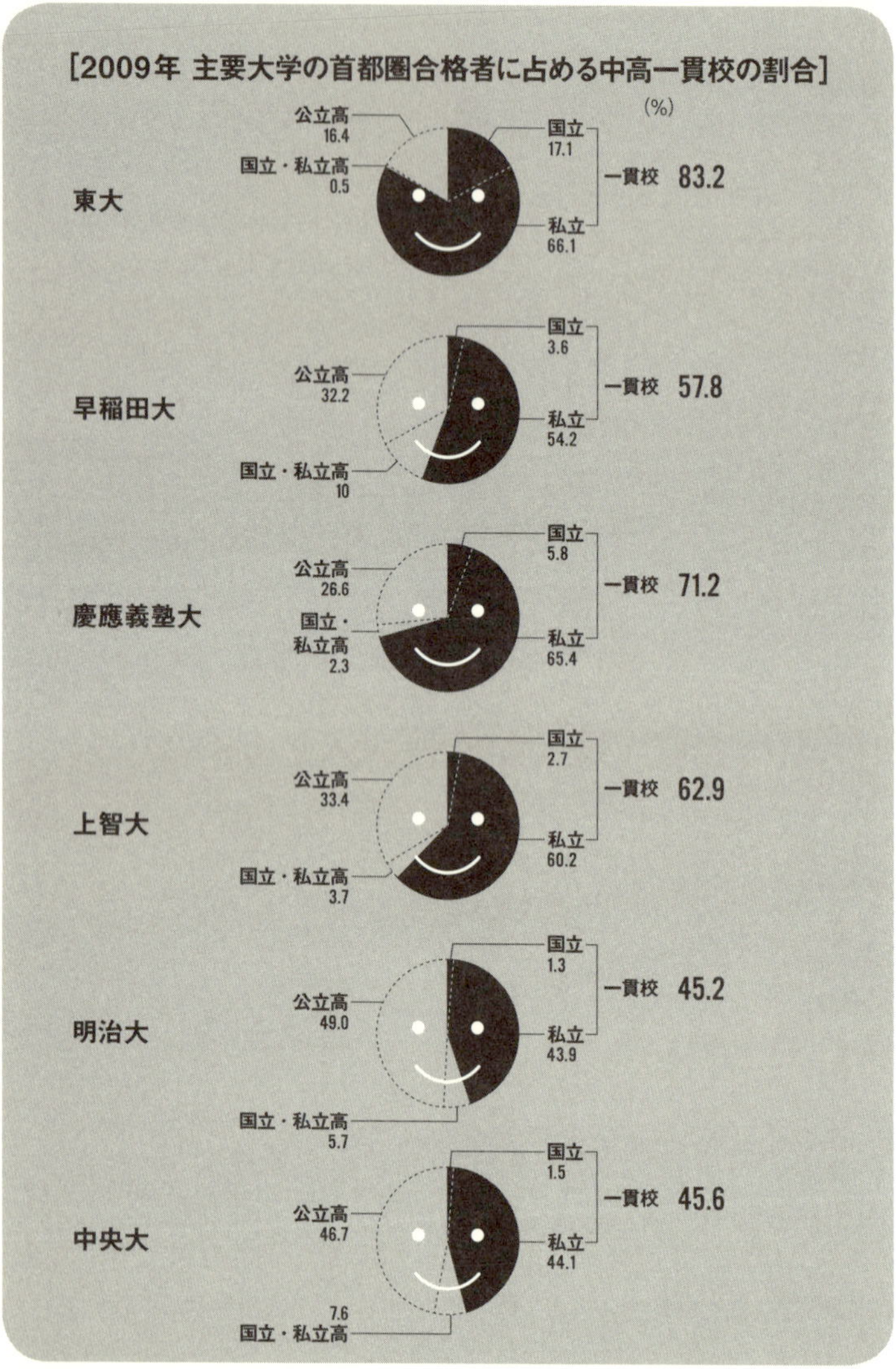
[2009年 主要大学の首都圏合格者に占める中高一貫校の割合]
(%)
東大
公立高 16.4
国立・私立高 0.5
国立 17.1
私立 66.1
一貫校 83.2
早稲田大
公立高 32.2
国立・私立高 10
国立 3.6
私立 54.2
一貫校 57.8
慶應義塾大
公立高 26.6
国立・私立高 2.3
国立 5.8
私立 65.4
一貫校 71.2
上智大
公立高 33.4
国立・私立高 3.7
国立 2.7
私立 60.2
一貫校 62.9
明治大
公立高 49.0
国立・私立高 5.7
国立 1.3
私立 43.9
一貫校 45.2
中央大
公立高 46.7
7.6 国立・私立高
国立 1.5
私立 44.1
一貫校 45.6

ひみつ

首都圏の東大合格者の8割が、中高一貫校生

国立大より実績が高いことが評価されているからです。親の最低希望にはこうしたことが反映されていると言っていいでしょう。

ところで、中学入試では、御三家《ごさんけ》（男子は開成《かいせい》、麻布《あざぶ》、武蔵《むさし》。女子は桜蔭《おういん》、女子学院《じょしがくいん》、雙葉《ふたば》。いずれも東京）という呼び方がされますが、大学入試でも前出のMARCHや関関同立など、難易度（中学入試の偏差値のようなもの）が近い大学群をひとまとめにして呼ぶ習慣があります。

代表的な呼び方は、早慶上理《そうけいじょうり》（早稲田大、慶應義塾大、上智大、東京理科大）、G—MARCH《ジーマーチ》（MARCHと学習院大）、日東駒専《にっとうこません》（日本大、東洋大、駒澤大、専修大）、産甲《さんこう》龍近《りゅうきん》（京都産業大、甲南《こうなん》大、龍谷《りゅうこく》大、近畿大）などです。

他にも国立大学をグループにした旧7帝大《きゅうななていだい》（北海道大、東北大、東大、名古屋大、京大、大阪大、九州大）という言い方があり、戦前、帝国大学であった七つの国立大を指します。私立中の学校説明会で、大学合格実績がどう伸びているかなどの解説でよく使われるので、覚えておくといいでしょう。

3章

塾

学習塾選びのポイント

学習塾は、中学受験のエキスパート

高校受験の場合は、中学の先生と学習塾（以下、塾）の講師といった立場が異なる2人のエキスパートから話を聞いたり、アドバイスを受けたりすることができます。しかし、中学受験の場合、公立小学校の先生にエキスパートはいません。

公立小学校の先生は、中学受験に関しては力になってくれないのです。首都圏でも中学を受験する子どもは約2割ですので、8割以上の生徒が地元の公立中に進学することになります。公立小学校は大多数を占める生徒を対象にした教育を行っているのです。そのため、中学受験を考えている親は、どうしても塾頼みになってしまいます。

塾は中学受験のエキスパートで、基本的には中学受験の合格を目指して、各教科を教えます。個別指導塾では子どものレベルに合わせて教えてくれますが、多くの大手塾では小学校の全課程を5年生の3学期か遅くても6年生の1学期までには終え、あとの1年間は志望校の受験対策に専念する先取り学習を行っています。

5年生の秋になると、基礎学力がついた子どもたちは、模試（模擬試験）を受けるようになります。模試の結果は偏差値となってでてきますので、5年生のうちに子どもの成績から志望校のだいたいの見当をつけることができます。

塾は志望校についての詳細な情報を教えてくれます。さらにその子に合いそうな他の学校の情報を提供してくれる塾もあります。

どういう基準で子どもに合いそうな学校をピックアップするかというと、子どもの性格に合った校風などの要素の他に、塾は子どもの得意・不得意をよく知っており、たとえば算数でも文章題と計算問題ではどちらが得意かを把握しています。そのデータをもとに文章題の点数がいい子どもには、入試問題で子どもがたくさん得点できそうな学校を紹介します。つまり、子どもの得意・不得意分野を押さえたうえでの情報提供が可能なのです。

もちろん、最終的に志望校を決定するのは親と子どもですが、塾のアドバイスは学校の選択肢を増やしてくれるので、子どもの可能性が広がることになります。

私立一貫校を目指す子どもたちは、正確な統計はありませんが、ほぼ全員と言っていいほど塾に通っています。

ひみつ

大手塾は5年生で小学校の全課程を終え、6年生は受験対策

大手塾、個人塾、個別指導塾の違いを踏まえ、子どもに合った塾を選ぶ

塾には大きく分けると、いくつも教室のある大手塾、個人で地元を中心に経営している個人塾、マンツーマンで教えてくれる個別指導塾があります。塾を選ぶ際には、まず、この三つのタイプのどれが子どもにとってベストかを検討する必要があります。

◉大手塾

大手塾の最大の特徴は、難関校にたくさんの合格者をだしていることです。ただし、合格するのは大勢の中で上位の成績をあげている子どもたちです。

大手塾は塾内のテストなどで成績順にクラス替えをして生徒を鼓舞《こぶ》するところもあり、子どもたちはトップの教室に入るために競争を繰り広げることになります。もしもトップの教室に入れなかった場合、気持ちを切り替えて頑張れるかが、大手塾に合うか合わないかの分かれめになるでしょう。

各地に教室があるのも大手塾の特徴のひとつです。それらはネットワークでつながっているので常に最新の私立一貫校情報をもっていて、志望校を選択する時、併願プランをた

てる時などに力を発揮します。

また、大手塾は自宅学習用のテキストを大量に家庭に送付したり、宿題をだしたりします。そのテキストや宿題は、子ども一人でやるのか親が手伝うのか、塾によって方針が異なります。一人で頑張れる子なら親の手伝いはかえって邪魔《じゃま》になりますし、子どもの勉強をみる余裕がない親だと塾の要望に応えられない場合もでてきます。親のかかわり方は、入塾する前に確認しておくようにしましょう。

塾選びでは大手に限らず、子どもが講師になじめるかどうかも大事です。若い講師は子どもと年齢が近いだけに、親近感を抱きやすいと言われています。

しかし、若くて経験がない分、データにもとづいたマニュアル通りの教え方になりやすいのも事実です。若い講師が増えている大手塾もあるので、その点も考慮しましょう。また、講師を気に入っていても違う教室に異動となることもありますので、その心づもりはしておいたほうがいいでしょう。大手塾の講師は、学生アルバイトではなくほとんどが専任講師と言われています。

大手塾で問題になりやすいのは、子どもの送迎です。自宅からあまりにも遠い場合は親の負担が増すので、地元の個人塾も検討したほうがよいかもしれません。

ちなみに大手塾と呼ばれているのは、四谷大塚《よつやおおつか》、日能研《にちのうけん》、ＳＡＰＩＸ《サピックス》、早稲田《わせだ》アカデミー、市進《いちしん》学院、栄光《えいこう》ゼミナール、希《のぞみ》学園、浜《はま》学園などです。

◉個人塾

個人塾は地元に密着したタイプの塾で、数十人から数百人程度の生徒をかかえているのが普通です。大手塾や個別指導塾では若い講師が目につきますが、個人塾には経験豊富なベテラン講師が指導しているところが多く、講師の異動もありません。

大手塾のような全国を網羅《もうら》する膨大な情報はもっていませんが、地元の私立一貫校に関しては難関校も含め、大手塾顔負けの情報と長年にわたって培《つちか》ってきた受験ノウハウをもっているのが特徴です。地元の難関校にかなりの合格者をだしているところもあります。立地も地元の駅前にかまえているところが多く、親にとっては好条件と言えるでしょう。

◉個別指導塾

個別指導塾は、大手塾のように大勢の中で競争しながら勉強するのが苦手な子どもには最適です。その子の学力に合わせたカリキュラムを組み、マンツーマンで教えてくれるからです。

ただ、最初から個別指導塾に入塾するのは少数派です。小学6年生の夏休みなど遅くに

ひみつ

大手塾は難関中に強いが、塾内での競争も激しい

中学受験を決めた子、塾代はかさみますが大手塾で上位の成績をとりたいからと掛け持ちする子、大手塾であまり成績が伸びない子などが利用するケースが多いようです。

三つのタイプすべての塾に言えるのですが、子どもがなかなか塾になじめず、塾を代わるということも起こり得ます。もちろん、すべてに満足できる塾などそうあるわけはなく、我慢することも必要なのですが、子どもが次々と塾を代わりたがる場合は重大な見落としがあるのかもしれません。塾の勉強が面白くない、塾での人間関係が嫌だ、親に勧められて塾に通い始めたが本心は中学受験をしたくない、などの理由も考えられますので、親子で話し合う必要があります。

それから、父親がどれくらい協力してくれるのかも、塾選びの重要なポイントになります。休みの日には勉強をみてくれるのか、平日も何日かは塾への送り迎えをしてくれるのかなど、家庭で話し合っておくとよいでしょう。送迎だけでも協力を得られれば、塾の選択肢が広がります。

塾通いは、小学4年生からが一般的

中学受験に合格するためには、いつから子どもを塾に通わせたらよいのでしょう。親としては悩むところだと思います。この問いに正解があるわけではありませんが、一般的には小学4年生から通塾するケースが多いようです。大手塾の中学受験コースは前項でも述べたように4、5年生で基本的な力をつけ、6年生で受験対策に取り組むという先取り学習を行っています。そのカリキュラムに合わせるために、塾では4年生から生徒を募集しているのです。

中学受験が過熱するにつれ、大手塾を中心にもっと低学年からのコースも設けられるようになりました。四谷大塚《よつやおおつか》、日能研《にちのうけん》、SAPIX《サピックス》などは、1年生からのコースもあります。親としてはそういう状況を耳にすれば、早くから通わせたほうがいいのではないかと不安にかられるのではないでしょうか。

しかし、塾に通い始める時期が早いか遅いかで合否が分かれることはありません。

5、6年生から塾に通い始め、人気難関校に合格した例はこれまでたくさんあります。逆にいまは世界同時不況の影響で、大手塾では前年よりも4年生や低学年の入塾が減少し

ひみつ

塾に通い始める時期で、合否が分かれることはない

ていると言われ、４年生から塾に通わなければいけないという決まりはどこにもないということを示す状況になっています。

ただし、大手塾のほとんどは先取り学習を取り入れていますので、大手塾に入りたい場合は４年生から入塾するのがいちばんいいでしょう。大手塾に通っている子は、先取りで学んでいるため、学校の勉強は何の心配もいらないということになります。

また、５年生になって大手塾に入ると、小学校の勉強よりもかなり進んでいることになります。そこで生じた遅れはこれまでのテキストをもらって自分で家庭学習するしかありませんが、小学校でやがて学ぶことですから、そんなに心配することはないでしょう。

ただ、中学受験を目指す子どもはすでに先を学んでいます。後から入塾した場合、遅れている部分は塾の先生に教えてもらって着実に自分のものにしていくようにしましょう。

そして、先に進んでいる塾生に追いつくよう頑張ることが大切です。

3年間で塾にかかる費用は、およそ230万円

子どもを塾に通わせる際にきちんと把握しなければならないのが、塾の費用です。大手塾で週に3〜4日、毎回5時間の授業を受けた場合、一カ月で支払う授業料は、4年生で4万円、5年生で5万円、6年生で6万円が平均的な金額と言われています。

3年間（4〜6年）で塾にかかる費用は、授業料に模試などの諸費用も加えるとおよそ230万円になります。

4年生の時は払えると思った金額でも、5年生からは夏期講習、冬期講習などもあり、6年生になると志望校対策も始まって授業時間が増え、費用がかさみます。

また、何回も模試を受けたり、特別講座をいくつか受講したりすると、さらに費用はかさんでいきます。一カ月の授業料と同じく、夏・冬期講習や特別講座も学年が上になるにつれ、代金も上がるのです。

市進学院《いちしん》の中学受験コースは大手塾の中でも授業終了時間が早めに設定されているため、授業料も比較的、安くなっているようです。ただし、学年が上がるにつれて授業料が高くなるのは、他の塾と同じです。

ひみつ

塾の費用は、学年が上がるにつれ増えていく

大手塾と個人塾、個別指導塾では、マンツーマン指導を行っている個別指導塾がいちばん高い授業料になります。ただ、個別指導塾の授業をフルに受ける子どもはあまりいないので、総額では安いと言えるかもしれません。

個人塾は少人数制のクラスになると高めになるところもありますが、大手塾と比較すると安いようです。

塾の費用を捻出できたとしても、安心してはいけません。私立一貫校に入学すると、今度は6年間の学費が必要になります。おおよその6年間の学費総額を公表している学校も増えています。説明会などで聞いてみるといいでしょう。

近頃は塾の費用だけでなく、私立中の初年度納入金を子どもの祖父・祖母に面倒をみてもらう場合もあるようです。なるべく早いうちに塾の3年間だけではなく9年間の教育費をどうするか、計画をたてるようにしましょう。

難関校への合格者数だけをみて、塾を選んではいけない

塾を選ぶには、評判が良い塾はどこか、難関校に何人合格しているかといった情報も欠かせません。

塾の評判は、すでに子どもを通塾させている親から直接聞くのがいいと思いますが、もしも転塾を経験している子どもの親がいたら、正面からはみえにくい塾の実情を話してくれるかもしれません。

地域での評判は貴重な情報源なのですが、最近は共働きの増加、少子化などで子どもを通した近所付き合いが希薄になっており、親同士の口コミ力が落ちていると言われています。周囲から情報を得るのがむずかしければ、親が本音を書き込んでいる掲示板、受験生をもつ親や受験が終わったばかりの親のブログなどをインターネットで検索してみるのもよいでしょう。

よく目にする塾の折込みチラシにも、情報はたくさん載っています。チラシをみて気になるのは、やはり難関校への合格者数でしょう。大手塾のチラシに多いのですが、首都圏なら「開成《かいせい》中○○人、桜蔭《おういん》中○○人合格」、関西なら「灘《なだ》中○○人合格」などと大々的に

ひみつ

塾の折込みチラシの合格者数は要注意

書かれているので、難関校への合格者数が多い塾ほど良い塾だと思ってしまいます。しかし、それは錯覚にすぎません。

合格者数で大事なのは塾生の総数なのです。一貫校の大学合格実績にも同じことが言えるのですが、総数１０００人からの10人合格と１００人からの10人合格では、同じ10人合格でも意味が違ってきます。

折込みチラシは、塾にとってあくまでも生徒を集めるための広告ですから、塾生の総数など載せていない場合が多いので、合格人数に惑《まど》わされないように注意しましょう。

また、難関校への合格者数の割合が高くても、それが良い塾とはかぎりません。子どもの性格によっては、いきなり厳しい競争の中におかれると萎縮《いしゅく》する子もいるでしょうし、学力不足だと勉強についていけないかもしれません。子どもの性格と学力に合った塾を選ぶことが大切です。

子どもに干渉しすぎると、自主性が育たない

中学受験でよくみかけるのは、子どもへの過干渉《かかんしょう》です。

家庭学習の時に、子どもに対して「これやりなさい、あれやりなさい、その次はこれ」などと親が口うるさく指図していると、子どもは親の指示通りに行動することが習慣となり「次、何をやればいいの」と尋《たず》ねるようになります。

これでは自分のための勉強が、親のための勉強になってしまいます。親が一方的に指示を与える学習方法を続けていては、子どもはいつまでたっても自ら勉強しようとはしないでしょう。勉強に対する自主性を親が摘《つ》み取っているからです。

人生はずっと学びの連続です。本格的な学びを始めたばかりの小学生に、学ぶことは与えられることと勘違いさせてはいけません。

「塾に行くのは楽しい。勉強だけじゃなく、ガミガミ言うお母さんの顔をみなくてすむから」などとなったら最悪です。親の気持ちは子どもにはなかなか伝わらないのです。最初はあれこれ子どもに指示していても、やがては本人自らが勉強するようにもっていきたいものです。

ひみつ

仲良し同士で同じ塾は、避けたほうがいい

そのためには、「やり方はわかったよね、今度からは自分でやってね、できるでしょう」と本人の意志を確認してから、子どもにまかせてみるのもひとつの方法です。成績が伸びなければ最初に教えたやり方に戻し、何が悪かったかを子どもに自覚させるといいでしょう。それによって勉強の仕方を学ぶはずです。

また、他にも親として気をつけたいのが、仲良しの子ども同士の通塾です。同じ塾に通うのはなるべく避けたほうがいいかもしれません。些細《ささい》なことから仲違《なかたが》いしてしまった場合、親はわが子の肩をもちますから親同士も気まずくなり、塾の送り迎えで顔を合わせた時など挨拶《あいさつ》するのも苦痛になってしまいます。

また、成績順のクラス分けで差がついても気まずくなりがちですし、最後には合格、不合格がはっきりしますので、結果によってはお互いけんかをしてしまうことにもなりかねません。親しければ親しいほど別の塾にしたほうが、付き合いは楽になることが多いようです。

4章

選

中高一貫校選びのポイント

学校を知るには、学校に足を運ぼう

志望校がどんな学校かを知るいちばんいい方法は、学校説明会に参加することです。また、志望校を決定する絶好の機会にもなります。

学校は説明会を利用して、もっと自校のことをよく知ってもらおうとします。最近では公立高でも始めており、学校の良いところも悪いところもわかるので、学校に足を運ぶのは当たり前のことになってきています。

ただ、漫然と参加していたらわかることもわかりません。貴重な時間を割《さ》いて参加するのですから、複数の学校を訪れても差がはっきりするよう、いくつかの項目を意識的に押さえるようにしてください。後で迷った時などに役立ちます。

⦿学校長の教育方針をよく聞いて、どんな人材を育成しようとしているのか確認する
⦿学校の雰囲気をつかむ
⦿施設・設備はそろっているかチェックする
⦿先生の参加者への対応をよくみておく

◉平日ならば、在校生の様子を観察する

かつての学校説明会では、学校側が一方的に教育方針、大学の合格実績、入試の説明などをするだけでしたが、最近はさまざまな内容が盛り込まれるようになってきました。たとえば、在校生の親が説明会で話をする中学が増えています。学校生活の様子などが中学受験を体験した親の言葉で語られるので好評です。

以前から説明会での授業参観はありましたが、いまは模擬授業を体験することもできます。その一環として一日を学校ですごすオープンスクールも盛んになってきました。理科実験教室での体験授業、ネイティブの先生による英会話の体験授業、クッキング教室などです。その他、クラブ体験も人気です。本郷《ほんごう》（東京）がラグビー、軟式野球、バレーボールなど多くの種目で実施しており、山脇《やまわき》学園（東京）ではブラスバンド体験を行って、それぞれ学校の特色をアピールしています。

文化祭、合唱祭、体育祭などを公開する中学も多く、先輩になるかもしれない生徒の生

ひみつ

学校説明会では、先生や生徒の様子をしっかりみる

き生きした姿に触れることができます。

また、これまでの学校説明会は同じような内容が複数回開催され、いつ参加してもいいという形が主流でしたが、いまは開催回ごとにそれぞれテーマを設定し、毎回違った説明会を行う中学もでてきました。そこには、何度も学校に足を運んでもらうことによって、志望校として固めてもらいたいという狙いがあるようです。親のスケジュールに合わせて平日の夜に行われる説明会、駅前に会場を借りて行われる説明会もあります。

こうした説明会開催の動きは難関中学にも広がり、開成《かいせい》（東京）や栄光《えいこう》学園（神奈川）は説明会終了後でも、希望者を対象に校内を先生が案内しています。

秋以降に入試の模擬体験を実施する中学もあります。実際に入試を行う教室で過去に出題された問題を同じ時間配分で解くので、入試の予行演習になります。工学院大付（東京）などが実施していて、入試模擬体験のおかげで本番では上がらなかったと言う受験生もいます。また、入試問題の解説や出題のポイントなどを入試説明会で教えてくれる学校もあります。

このように私立中学は学校説明会に力を入れており、その重要性は年々増しています。「百聞は一見にしかず」です。パンフレットやホームページではみえなかった「生きている情報」を手に入れましょう。

学校説明会で心がけたい五つのポイント

学校説明会のメニューは、先に紹介したオープンスクールや入試模擬体験のようにバラエティーに富んでいますが、実は人気のある説明会は以前から変わっていません。それは先生の熱意が伝わる説明会、生徒の指導内容が具体的でわかりやすい説明会です。

「熱意」と「わかりやすさ」が説明会のキーワードですが、いくら熱意にあふれ、わかりやすい説明でも、参加するほうが何の目的意識ももたずに参加していたのでは見落としがでてきます。そこで見落としを避けるため、注意しなければならない説明会のポイントを五つの項目にまとめました。

◉学校に聞きたいこと、期待することをメモして参加する

説明会に出かける前に学校のホームページで下調べをして、疑問点や気になること、期待することなどをメモにして参加しましょう。学校から聞きたいことへの説明がなかったら、質問するといいでしょう。メモを準備して参加すれば、説明会の内容をより深く理解することができます。

◉説明会でもらう資料は、学校ごとに整理しておく

説明会に参加すると、学校のパンフレットや募集要項、過去問《かこもん》（過去に出題された入試問題）など大量の資料を手渡されます。それらは学校ごとにファイルしておくようにしてください。複数の説明会に参加して資料が多くなってくると、資料がまざってしまい、必要な情報をみつけるのに時間がかかることになります。

◉一緒に参加している周りの親にも気を配る

説明会に参加している保護者の雰囲気もみておきましょう。入学すればＰＴＡの一員としてそのお母さんと6年間ともに歩むことになるかもしれません。なかには、平日の説明会では休み時間に校庭で遊んでいる生徒に取材する行動的なお母さんもいるようです。一緒にやっていけそうかどうかまで気を配っておきましょう。

◉いろいろな学校をみに行く

「どうしても、子どもをこの中学に進学させたい」という気持ちがあまりにも強すぎて、ひとつの学校の説明会に可能な限り通い続ける親もいますが、それは考えものです。いろいろな学校をみてください。他校の事情や雰囲気がわかれば、志望校を新たな視点から客

ひみつ

学校説明会に出かける前に、聞きたいことをチェックしておく

観的に見直すきっかけになります。

◉先入観（思い込み）を捨てて参加する

説明会では、なるべく先入観なしで学校をみるようにしてください。と言うのは簡単ですが、これがなかなかむずかしいのです。

よくあるケースは、学校が家の近所の場合、近くに住んでいる生徒の様子を目の当たりにすることが多いので、その生徒個人の印象や評判で学校を判断してしまいがちになることです。また、学校に関するいろいろな噂《うわさ》が耳に入りやすく、つい厳しい評価を下してしまう傾向があります。逆に、親戚や身近な人が卒業したなどと聞くと、高く評価してしまう場合もあります。インターネットなどの情報も同じです。良いことも良くないことも、自分の目で確認するくらいの気持ちでいたほうがいいでしょう。

根拠のない思い込みで、その学校の本当の良さを見逃しているとしたら大きな損失です。なるべく平常心で学校をみるようにしましょう。

複数の学校を、同じチェックポイントで比較する

前項の五つのポイントに勝るとも劣らず大切なのが、説明会に出席した各中学を共通のチェックポイントで見比べることです。ノートにあらかじめ以下の項目をつくっておいて、説明会ではメモをとるようにしましょう。

◉建学の精神＝すべての私立一貫校のルーツ。創立者はどんな目的で学校をつくったのか、学校のパンフレットやホームページでも確認できます。

建学の精神はキリスト教か仏教かなどによって、学校の教育方針も校風もすべて変わってきます。たとえばキリスト教の学校ですと、毎日の礼拝、聖書の授業などがある学校も多くなっています。

〈例〉攻玉社《こうぎょくしゃ》（東京）「他山《たざん》の石以《もっ》て玉を攻《みが》くべし」

〈例〉成蹊《せいけい》（東京）「桃李不言下自成蹊」（桃李《とうり》もの言わざれども下《した》おのづから蹊《みち》を成す＝優れた人格や徳の持ち主のしたには、格別の宣伝をしなくても、その徳をしたって優れた人材が集まってくるの意）

⦿教育方針＝将来、どういった人材を世に送りだそうとしているのか。建学の精神と同じく学校のパンフレットやホームページでも確認できます。

〈例〉桐朋《とうほう》（東京）「自主的態度を養う、他人を敬愛する、勤労を愛好する」

〈例〉海城《かいじょう》（東京）「新しい紳士の育成」

⦿校風＝建学の精神や教育方針によって先輩から後輩へ受け継がれてきた学校の雰囲気、スクールカラー。自由な学校か、厳しい学校か、生徒の服装は、礼儀はどうかなどを判断します。

〈例〉麻布《あざぶ》（東京）や武蔵《むさし》（東京）は自由な学校として知られています。

⦿しつけ教育や心の教育＝礼儀作法、身だしなみの指導、道徳教育などで、女子校でよく問われるようです。

〈例〉豊島岡《としまがおか》女子学園（東京）「毎朝5分の運針《うんしん》で、無心になること、基礎の大切さ、努力の積み重ねの大切さを学ぶ」

〈例〉清泉《せいせん》女学院（神奈川）「老人ホームを訪問したり、募金活動などボランティア活動」

⦿クラブ活動＝活発に行われているか、子どもが望むクラブはあるのか、成績はどうかなどをチェックします。

〈例〉野球やサッカー、ラグビーなど、全国大会で活躍する一貫校も数多くあります。

いまや日本を代表するプロゴルファー石川遼が在籍する杉並《すぎなみ》学院（東京）にはゴルフ部があり、藤村女子《ふじむらじょし》（東京）は囲碁の強豪校として知られています。

◉学校周辺の環境や通学時間＝学校は繁華街にあるのか、住宅街にあるのか。最寄り駅からどれぐらいの時間がかかるのか、バス利用の時は学校が運営しているスクールバスなのか、公共交通機関のバスで通うのかもチェックしましょう。

〈例〉明治《めいじ》大《だい》付《ふ》明治《めいじ》（東京）は調布駅、三鷹駅からスクールバスを運行しています。

◉安全対策＝地震など自然災害への対策は施《ほどこ》されているか、守衛さんは校門のところにいるか、学校は塀で囲われているか、中がみえない構造になっているかなど。

大学付属校の場合、大学と同じ敷地に設置されていることが多く、敷地は広大で入り口もたくさんあるので、全部みておくといいでしょう。

〈例〉成城《せいじょう》学園（東京）は成城大、関東学院六浦《かんとうがくいんむつうら》（神奈川）は関東学院大と同じ敷地にあります。武蔵野《むさしの》女子学院（東京）も武蔵野大と同じ敷地にありますが、大学は共学ですので最初に訪れた時にはちょっと驚くかもしれません。

◉施設・設備＝図書館、運動場、理科実験室の数、ＩＴ教育などの施設は整っているか。

大学付属校では大学の施設を利用できる場合もあります。ただ、改築や新築されたばかりの校舎だと、真新しさだけで高評価になってしまいますので注意しましょう。また、グ

ラウンドは土か人工芝かによって子どもの服の汚れが変わってきます。

〈例〉暁星《ぎょうせい》（東京）、学習院《がくしゅういん》（東京）、本郷《ほんごう》（東京）などは人工芝のグラウンドです。

◉先取り学習＝どのようなスピードで学習が行われているか、それとも行っていないのかをメモしましょう。

〈例〉駒場東邦《こまばとうほう》（東京）「数学は中学1、2年で中学の課程を修了し、中学3年から高校の課程を学び、高校2年で高校の課程を修了。高校3年は演習を中心にした大学受験に備える」

◉カリキュラム＝習熟度別、文系・理系分け、国公立大・私立大などのクラス分けはいつからなのかをチェックします。

〈例〉十文字《じゅうもんじ》（東京）「中学から高校1年まで英語、数学は習熟度別授業」

〈例〉芝《しば》（東京）「高校2年で文系、理系に分かれ、高校3年で国公立大、私立大、志望大学別に分かれる」

〈例〉開成《かいせい》（東京）、灘《なだ》（兵庫）「習熟度別授業は行っていない」

◉大学合格実績＝卒業生はどんな大学のどの学部に進学しているか、大学付属校の場合は併設大学のどの学部に何人進学しているかをチェックします。

〈例〉桜蔭《おういん》（東京）「09年度実績で東大69人合格は女子校全国1位、他にも早稲田大

１５８人、慶應義塾大80人」

〈例〉青山《あおやま》学院（東京）「併設の青山学院大に8割が進学」

◉初年度納入金＝入学時に必要な費用。入学金＋授業料＋施設費など。初年度納入金は前もって公表されない場合が多いので、すでに発表済みの年の金額を目安にしましょう（例は09年度の初年度納入金）。

〈例〉開成《かいせい》（東京）―約１０１万円
成城《せいじょう》（東京）―約84万円
桜蔭《おういん》（東京）―約１０４万円
豊島岡《としまがおか》女子学園（東京）―約73万円
慶應義塾《けいおうぎじゅく》中等部《ちゅうとうぶ》（東京）―約１３５万円
早稲田実業《わせだじつぎょう》（東京）―約１０９万円
渋谷《しぶや》教育学園幕張《きょういくがくえんまくはり》（千葉）―約86万円
開智《かいち》（埼玉）―約67万円

他にも、「学校の雰囲気」「先生や生徒の印象」など、訪問しなければわからないことや「授業時間は週何時間で、どの教科に力を入れているか」などの項目も入れておくと、より便利なノートになるでしょう。

施設や環境などは写真を撮ってノートに張りたいと思われるかもしれません。しかし、校内の撮影は安全上、問題になるおそれがあります。写真を撮る場合は必ず学校の許可を得てからにしてください。

また、学校説明会には5年生で参加するように塾では勧めています。6年生になると入試準備で忙しくなるからです。

ただ、一般的に6年生の秋以降に志望校を変更することが多く、その場合は学校の下見にも行っていないことになります。時間があれば6年生でもかまいませんし、4年生も子どものモチベーションを高めるために参加してもよいでしょう。ただ、あまりにも低学年のうちに、親が進学させたいからという理由で学校説明会へ参加するのは考えものです。

子どもの気持ちを第一に考えることが大切でしょう。早くから第一志望校を決めて、うまくいけばいいですが、受験が近づいてきて学力が足りない時など、ショックが大きくなってしまいます。心のケアも必要になることがあり、注意したいものです。

ひみつ

教育方針、立地の環境、初年度納入金など複数の項目を比較できるノートは便利

6年間の学費の平均は約５１０万円、大学付属校はやや高め

私立一貫校に進学した場合、6年間の学費はどれくらいになるのでしょうか。

首都圏の私立一貫校の場合だとおよそ５１０万円になります。ただし、大学付属校の学費は比較的高めのところが多く、総合大学の付属校の中には６００万円を超えるところも珍しくありません。

とくに中学入学時に支払う金額（初年度納入金）は、親にとって大きな負担になります。入学時にだけ納付する入学金などの費用があるからです。初年度納入金だけで、中学３年間で支払う全学費の半分近くを占める学校もあります。

高校進級時にも入学金が必要な一貫校は、中学入学時の入学金の半額というところが多いようですが、事前に調べておくといいでしょう。

学費は学校によって開きがあります。初年度納入金に限って言えば、高い学校と安い学校の差は一般的にはおよそ50万円前後になります。

前項でもいくつかの学費の例を挙げましたが、たとえば、豊島岡《としまがおか》女子学園（東京）の初年度納入金は70万円を超えるぐらいです。その一方、東京の女子御三家《ごさんけ》の桜蔭《おういん》、女子学院、

雙葉《ふたば》は100万円を超えています。豊島岡女子学園の人気は、学費の安さにも理由があるようです。

当然のことですが、この初年度納入金は、学校に指定された期日までに納めなければ、合格しても入学することはできません。分割払いや延納制度を設けている学校も多いので、志望校はどうなっているかパンフレットや学校説明会などで確認しておきましょう。

教育内容の違いで、学費に差がでる場合もあります。全員参加の海外研修がある土浦《つちうら》日《に》本大《ほんだい》中等教育学校などでは、その分、高くなります。その他にも泊りがけのフィールドワークを実施する学校もあります。

それ以外にもコーディネートが多いほど高くなる制服代（高校で制服が異なる場合は進級時に新調しなければなりません）、通学バッグ代、指定靴代、ＰＴＡや同窓会の費用などが必要になってきます。入学後は通学定期代、昼食代、副教材や補習授業、部活動やそのユニフォーム代などが必要になる場合もあります。

それらを合計するとかなりの金額になります。思わぬ出費が続き金銭的に行き詰まると

ひみつ

初年度納入金の高い学校と安い学校とでは、50万円の差がある

いうことにもなりかねません。学習塾の費用の項でも述べましたが、資金計画は入学する前からきちんと立てておくことが大切です。

公立の中高の場合は多くが税金でまかなわれているため、6年間を合計しても140万円くらいですむと言われています。私立にも国や地方公共団体から助成金がでていますが、金額が少ないため学費の公私間格差は大きくなっています。

2009年になって、その差がさらに拡大しているのが大阪です。大阪では橋下徹《はしもととおる》知事が私学助成金を削減したため、早稲田大の系属校となった早稲田《わせだ》摂陵《せつりょう》が学費を16万円値上げしたのを皮切りに、値上げに踏み切る学校が相次ぎました。

2009年に値上げしなかった学校も、2010年以降は実施する可能性が高いとみられています。

ひみつ

湘南新宿ラインの開通により、池袋・新宿の私立一貫校で神奈川からの志願者増

志望校の通学圏は「乗り換えなし」で選ぶのが主流

中学を選ぶ場合、通学範囲を絞ってから志望校を決めていくのがオーソドックスな方法です。目安としては家から学校まで１時間以内で通えるところを通学範囲とするのがいいでしょう。

６年間通うのですから、志望校があまりにも遠いのは考えものです。それでも高校生になれば体力がついてくるので少々遠くても大丈夫でしょうが、中学生だと学校と家を往復するだけで疲れてしまうかもしれません。

ただし、多少時間がかかっても乗り換えがなく電車１本で通えるなら、負担は少なくなります。そのうえ、安全面でもリスクが小さくなります。最近は家からの距離ではなく、乗り換えがない１本の電車で通学できる学校を探すのが主流になりつつあります。

その背景にはＪＲと私鉄の相互乗り入れ、私鉄同士の相互乗り入れ、ＪＲや私鉄の新路線サービスの開始など、年々便利になっていく大都市圏の交通網があります。

普段あまり利用しない鉄道だと利便性に気づかない場合もありますし、いまは少々不便でも数年後に新線の開業予定があれば、思わぬ学校が近くなったりします。

たとえば、首都圏では「湘南新宿ライン」が開通して、横浜方面から乗り換えなしで都心の新宿や池袋に行けるようになりました。そのため、豊島岡《としまがおか》女子学園や立教池袋《りっきょういけぶくろ》など、池袋近辺にある私立中の人気が神奈川で上昇しています。成城《せいじょう》（東京）は地下鉄の「大江戸線」の開通によって駅から徒歩1分になり人気アップにつながりました。駅の新設によって通学が便利になることもありますので、普段からチェックしておきましょう。

茨城のつくばと都心の秋葉原を結ぶ「つくばエクスプレス」の開業によって、沿線に住む子どもは都心の中学だけでなく、千葉、埼玉の学校にも通学が便利になりました。

関西圏でも2009年3月に開通した「阪神なんば線」によって、阪神と近鉄の直通運転が始まり、奈良の東大寺《とうだいじ》学園、西大和《にしやまと》学園、帝塚山《てづかやま》などの難関中に阪神地区からの通学の便がよくなりました。

また、栄光《えいこう》学園（神奈川）は家庭との連携を密にとることを重視しており、自宅から80分以内で通学できることを入学および在学の条件にしています。

ひみつ

早慶上理の合格者数が伸びているのは共学校

別学校は伝統と歴史、共学校はめざましい躍進で存在感

なぜ、公立中はすべて共学なのに、私立一貫校には別学校（男子校と女子校）と共学校があるのでしょうか。それは、私立一貫校が独自の教育理念をもって男子校、女子校、共学校として創立されているからです。

男子校や女子校の良さとして必ず挙げられるのが、異性がいないので勉強に打ち込め、成果を発揮しているのではないか、ということです。

確かに東大の合格者数の学校別ランキング上位10校では、国立の東京学芸大付《とうきょうがくげいだいふ》（東京）を除けば、すべて男子校と女子校ばかりです。

しかし、東大以外の難関大をみますと、少し様子が違ってきます。２００９年の「早慶《そうけい》上理《じょうり》（早稲田大、慶應義塾大、上智大、東京理科大）＋ＭＡＲＣＨ《マーチ》（明治大、青山学院大、立教大、中央大、法政大）の合格者数を10年前と比べてみると、首都圏で伸びている学校は、

1位が開智《かいち》（埼玉）、次いで栄東《さかえひがし》（埼玉）、山手《やまて》学院（神奈川）と続きます。いずれも共学校です。関西圏で伸びている一貫校は、1位が大阪桐蔭《おおさかとういん》（大阪）、次いで須磨《すま》学園（兵庫）、清教《せいきょう》学園（大阪）と続き、こちらもすべて共学校なのです。

この結果をみると、共学の一貫校はめざましく躍進している学校と言えます。

近年は、別学よりも共学の新設が多くなっています。親のニーズが共学校に傾き始めている表れなのかもしれません。

また、共学といってもいろいろな形があります。桐蔭《とういん》学園（神奈川）は生徒募集は男女別で、男子部と女子部に校舎・教室が分かれて授業を行います。ただし、桐蔭学園は高校3年生の1年間だけはコース制になっていて、男女共学で授業を行います。桐光《とうこう》学園（神奈川）や帝塚山《てづかやま》（奈良）は、授業は男女別ですが、その他の教育活動は男女ともに行います。

東大合格者数ベスト10のうち、8校が男子校

男子校の最大の特徴は、学習指導力と大学合格実績の高さです。

２００９年の東大合格者数ランキング（39ページのグラフ参照）をみると、ベスト10のうち男子校は8校、女子校と共学校がそれぞれ1校ずつで、男子校が圧倒的に多いのです。慶應義塾大の合格者数ベスト10（98ページのグラフ参照）でも、男子校は7校、共学校は3校と男子校が半数以上を占め、ベスト5は男子校が独占しています。

このような高い大学合格実績の背景には、授業を進めやすいという別学教育の良さがあります。女子校にも同じことが言えるのですが、男子と女子とではそれぞれ得意、不得意の分野が比較的はっきりしています。不得意な分野はじっくり時間をかけて理解するまで授業を行うことができます。つまり、生徒の学力の底上げがしやすいのです。

親が男子校に最も期待しているのは高い大学合格実績だけではありません。最近は「男子校でうちの子をきたえてほしい」と希望する親が増えているそうです。

いまの小学生は低学年から習い事に通い、塾通いも珍しくなくなってきました。そのため昔の子どものように外で日焼けするほど遊び、あたりが暗くなってから家に帰るという

[2009年 慶應義塾大合格者数ランキング]

※総合格者数 9,995

1	開成(東京)	私	194(人)
2	麻布(東京)	私	155
3	聖光学院(神奈川)	私	149
4	浅野(神奈川)	私	146
5	海城(東京)	私	143
6	東京学芸大付(東京)	国	142
7	日比谷(東京)	公	125
8	渋谷教育学園幕張(千葉)	私	117
9	駒場東邦(東京)	私	117
10	栄光学園(神奈川)	私	109

男子校
女子校
共学校
私 私立一貫校
国 国立一貫校

生活は、遊び場所の減少や防犯上の問題もあり、ほとんど不可能になってきています。

しかし、親の希望とはうらはらに男子校では生徒を特別きたえる学校は少なくなっています。ソフトな男子校が増えているのです。

少数派の中でも「しつけが厳しい男子校」として有名なのが、進学にも力を発揮している巣鴨《すがも》（東京）です。柔道と剣道が選択制の必修（中学は剣道のみ）で、卒業までにいずれかが有段者になることを目標としています。実際に8割以上の生徒が有段者になっています。また、深夜から翌日昼まで35キロを歩く大菩薩峠《だいぼさつとうげ》越え強歩大会があります。その他にも大正時代から続く巣園流水泳学校などがあり、これらは「健全なる精神目標を明確にもつ体育訓練こそ健全なる心身を育てる」との信念に基づいて行われています。

逗子《し》開成《かいせい》（神奈川）は逗子海岸の側にあって、中学1年から3年までヨットの帆走《はんそう》実習があります。

自由な校風の男子校は例を挙げればきりがありません。男子校の中でも進学校はもともと自由な校風で、生徒の自主性にまかされてきました。それが男子校全般に広がり、当初は校則なども厳格だったのが時の流れで生徒や親の要望を入れていくうちにだんだんゆるくなり、行事などは生徒に管理をまかせるといった、子どもの自主性をより尊重する方向に転換していったようです。

行事などで心身を鍛錬《たんれん》する学校は珍しい時代になってきましたが、男子ばかりの中で学校生活を送っていると、自然にたくましくなってくるということのようです。

また、子どもが男子校を望むケースも増えています。6年生の男子が同学年の女子を敬遠する傾向が強くなっているためです。この年齢では女子のほうが早熟で、男子は議論で女子に勝てません。また、親からは「女の子に暴力をふるってはいけません」と言われています。そのため、男子は身体の大きい女子に暴力をふるわれたとしても、なすがままです。小学校高学年の男子にとって、女子は面倒くさい存在になってしまっているようです。

そんな子にとって男子校は、女子に気兼ねすることなく伸び伸びできて、自由奔放に意見をぶつけることができます。また、小学校の時は女子がリーダーシップをとることが多いのですが、男子校では行事や授業などで自ら先頭に立つことになります。こういった生活面での特色が、6年生の男子に受けているのかもしれません。

男子校では多感な6年間をお互い切磋琢磨《せっさたくま》して成長していきますから、仲間意識が強く、深い友情が育まれます。卒業後のつながりの強さは、その証明と言っていいでしょう。

また、2010年の男子校の校数は、左記のように女子校や共学校に比べるとかなり少なくなっています。

◉首都圏の男子校数

東京34校（女子76、共学71）
神奈川12校（女子25、共学22）
埼玉3校（女子3、共学17）
千葉0校（女子3、共学20）

◉関西圏の男子校数

大阪6校（女子17、共学42）
京都2校（女子8、共学14）
兵庫8校（女子15、共学12）
奈良2校（女子1、共学8）

ひみつ

以前と違って男子校もソフトイメージに変わってきた

女子校は学校改革に熱心で、個性的な教育が行われている

２００９年の首都圏の私立中入試は、全体の延べ志願者数は5年前の03年に比べて36・7％増加しました。それを女子校に限ってみると志願者数は41・1％増になります。5年間で多くの女子校が共学校に変わって校数は減少しましたが、志願者は増えており人気復活の兆《きざ》しがでていると言っていいでしょう。

前項でも示しましたが、首都圏の女子校の数は１０７校で、同じ別学の男子校（49校）の倍以上もあります。生徒の獲得競争は激しく、危機感も深いわけです。

そのため、さまざまな学校改革を実施して生徒募集に力を入れています。ただ、それでも厳しいことは間違いなく、女子校から共学校に変わる例もたくさんあります。東京では順天《じゅんてん》、青稜《せいりょう》（旧・青蘭学院）、渋谷教育学園渋谷《しぶやきょういくがくえんしぶや》（旧・渋谷女子）などが、いずれも共学校に変わって成功しています。

では、女の子をもつ親は女子校と共学校とでは、どちらに進学させたいと思っているのでしょうか。

子どもの偏差値が50以上だと女子校を受けさせ、50以下だと共学校を受けさせると言わ

れています。なぜかと言うと、偏差値50以上の大学合格実績が高い共学校は数が限られていますが、女子校はその偏差値の層が厚く入りやすくなっています。しかし、偏差値が50以下になると、今度は女子校に大学合格実績の高い学校があまりないというのが理由のようです。こうした点から偏差値50がひとつの分岐点になっているのです。

東大と京大に何人合格しているのかを示した女子一貫校ランキングの表をみてください（１０４ページ。合格者数を公表していない学校は除いてあります）。各校の過去10年の合格者数推移がわかります。学校は２００９年の合格者数順に並べました。

東大は桜蔭《おういん》（東京）、京大は四天王寺《してんのうじ》（大阪）がともに10年連続でトップです。しかも両校とも2位に大差をつけています。

東大と京大の両方にランクインしている学校は、女子御三家《ごさんけ》の桜蔭、女子学院、雙葉《ふたば》（いずれも東京）、四天王寺、ノートルダム清心《せいしん》（広島）の5校になります。

２００９年の女子校からの東大合格者数は、前年より3割近くも増えています。

このように大学合格実績の高い女子校では、仲間意識の高まりが学習面でも効果を発揮するようです。先生が中心になって「皆で受験を乗り切ろう！」という体制をつくり、生徒同士が教え合いながら学力アップに励むケースがよくみられるようです。大学受験は団体戦の様相を呈《てい》してきているのです。

[女子一貫校からの東大合格者数]

			00	01	02	03	04	05	06	07	08	09年
1	桜蔭(東京)	私	74	67	74	72	80	64	68	68	59	69人
2	女子学院(東京)	私	19	16	19	24	30	37	28	19	26	23
3	豊島岡女子学園(東京)	私	4	8	8	11	9	10	14	14	12	17
4	白百合学園(東京)	私	9	8	9	6	7	10	9	10	6	13
5	横浜雙葉(神奈川)	私	5	1	4	7	3	4	6	4	2	11
6	雙葉(東京)	私	7	7	10	9	8	11	10	9	13	9
7	四天王寺(大阪)	私	4	5	6	2	3	4	1	4	3	5
8	お茶の水女子大付(東京)	国	9	15	8	6	9	8	12	10	5	4
	晃華学園(東京)	私	2	3	4	2	2	1	1	4	4	4
	洗足学園(神奈川)	私			1	1			1	1		4
	ノートルダム清心(広島)	私	3	1	6	3	4	2	5	4	5	4

[女子一貫校からの京大合格者数]

			00	01	02	03	04	05	06	07	08	09年
1	四天王寺(大阪)	私	35	29	37	24	30	37	30	31	26	25人
2	ノートルダム清心(広島)	私	9	6	4	5	6	3	8	2	7	9
3	大谷(大阪)	私	1	1	2	2	2	3		2	3	5
4	女子学院(東京)	私	3	8	5	4	3	4	2	4	4	4
	京都女子(京都)	私	4	3	4	4	3	5	7	2	6	4
6	桜蔭(東京)	私	1	3	7	2	3	4	7	3	1	3
	雙葉(東京)	私			2			1	1	1	1	3
	神戸海星女子学院(兵庫)	私	1	2	3	3	1	6	4	4	2	3
	筑紫女学園(福岡)	私	2	1	3		2	2	1	3	1	3

私 私立一貫校　国 国立一貫校

女子校では一般的に女子が苦手とされる数学や理科などを丁寧に教えることで、実力をつけている学校が多くなっています。こういった主要教科での工夫だけでなく、カリキュラム面でさまざまな取り組みを実施しています。

そのひとつが、社会で自立するための「キャリア教育」で、力を入れている学校が増えています。品川《しながわ》女子学院、吉祥《きちじょう》女子、鷗友《おうゆう》学園女子（すべて東京）などがよく知られています。

恵泉《けいせん》女学園（東京）では創立以来、自然と親しみ生活環境を美しく整えることを教育理念として、園芸を授業に取り入れています。日本女子《にほんじょし》大付（神奈川）のようにバイオリンを音楽の必修科目にしている学校もあり、特色あふれるカリキュラムによる教育が展開されています。

一方、家庭ではおろそかになりがちな「しつけ教育」「情操教育」に熱心なのも、女子校の大きな特徴です。聖徳《せいとく》大付女子（千葉）では先生と生徒が一緒に昼食をとります。箸《はし》のもち方がおかしい生徒には、直接指導するのではなく、本人に気付かせるようにして自

ひみつ

女子校の東大合格者数トップは桜蔭、京大トップは四天王寺

分で身につけさせるそうです。双方でストレスを感じないようにという配慮からです。

情操教育では、芸術鑑賞を取り入れる学校が多くなっています。三輪田《みわだ》学園（東京）はオペラ鑑賞、文楽教室、邦楽教室、能楽教室を行い、八雲《やくも》学園（東京）は芸術鑑賞を教育四つの柱のひとつにしています。東京女学館《とうきょうじょがっかん》（東京）は年に1回音楽会を企画し学内の記念講堂で鑑賞します。邦楽やオペラ、フルオーケストラなど多様な音楽に興味をもてるように異なるジャンルを選んでいます。

女子校には、個性的な学校が数多くあることも、人気が復活している理由のひとつでしょう。最近の傾向として、実践《じっせん》女子学園（東京）、江戸川《えどがわ》女子（東京）などおしゃれなカフェテリアがある学校が増えており、スイーツが評判になっているところもあります。

共学校といっても、男子比率では男子のほうが多い

中高一貫の共学校が志願者を増やしています。小学校は共学ですから中学もその環境のままでと考える親が多くなってきたことが、その一因です。

ただ、同じ共学でも小学校と私立中では根本的に異なっています。

公立小学校はほぼ男女同数ですが、私立中では男子の割合が高い学校が多いのです。今春の首都圏私立中入試の合格者数で比較すると、共学校の合格者の平均は、およそ男子6に対して女子4の割合でした。

なぜ男子が多いかというと、男子校の数は女子校に比べて少ないため、中高一貫校を目指す男子は共学校にも出願せざるを得ないのです。その結果、共学校では男子のほうが募集枠も合格者も多くなっているのです。

もちろん、ほぼ同数の共学校もありますが、どちらかというと少数派です。学校説明会

ひみつ

別学を共学校に改革し、大学合格実績アップの学校が増えている

などで、男女別の生徒数は確認しておきたい項目です。

志願者増のもうひとつの理由は、男子校や女子校を共学に変えた中学が増えたためです。学校側からすれば、男子だけ女子だけの募集では、生徒確保のチャンスが半分になってしまいます。少子化が進んでいることもあり、間口を広げようとして共学化に踏み切る中学が相次いでいるのです。

難関校でも学校改革の一環として共学化が進められています。

男子校から共学校に変わったのは、法政大《ほうせいだい》（東京）、明治大付明治《めいじだいふめいじ》（東京）などの付属校、市川《いちかわ》（千葉）、洛南《らくなん》（京都）、三田《さんだ》学園（兵庫）などの進学校です。2009年、市川と洛南は初めて女子の卒業生を送りだしましたが、大学合格実績が男子校だった時よりもアップしています。

難関の男子校が共学校になると、優秀な女子が入学してきます。その分、男子の募集枠は狭まりますから、男子もいままで以上に優秀な生徒しか入学できなくなり、一石二鳥の効果を発揮しています。

２００９年入試と２０１０年入試の動向

２００９年の私立中入試の志願者数は、７年連続で増えました。人気を集めたのは早慶やＭＡＲＣＨ《マーチ》（明治大、青山学院大、立教大、中央大、法政大）クラスの難関大付属校でした。

とくに生徒の８割以上がエスカレーター式に併設大へ進学する中学が人気で、青山《あおやま》学院（東京）の志願者が約２割増えたのをはじめ、慶應義塾湘南藤沢《けいおうぎじゅくしょうなんふじさわ》（神奈川）、法政大第二《ほうせいだいだいに》（神奈川）、明治大付明治《めいじだいふめいじ》（東京）、慶應義塾普通部《けいおうぎじゅくふつうぶ》（神奈川）なども志願者増で、厳しい入試になりました。

12歳で手に入る難関大の卒業証書は、不確実な時代だからこそ重要な意味をもちます。少子化によって大学に入りやすくなったと言われていますが、それでも、難関大に入りやすくなるとは考えられないからです。

難関大付属校の人気は、来年も続くとみられます。

男子校の２００９年の入試は、上位校では東京の開成《かいせい》、海城《かいじょう》、早稲田《わせだ》、攻玉社《こうぎょくしゃ》、神奈川の聖光《せいこう》学院などで志願者が増えました。その一方で、東京の麻布《あざぶ》、武蔵《むさし》、桐朋《とうほう》、神奈川の栄光《えいこう》学園などは志願者を減らしています。

生徒の自主性を重んじる自由な校風の進学校よりも子どもの面倒見がよく、しっかり指導してくれる学校に期待を寄せる親が多かったようです。このような風潮は時代を反映しているので、来年は変わるかもしれません。

女子校の入試は大激動の年でした。２００９年は「サンデーショック」の年だったからです。サンデーショックとは、東京の私立中の入試解禁日である2月1日が日曜日の場合、毎年この日に入試を行っているキリスト教プロテスタント系の学校が、日曜日は安息日のため、試験日を2月2日に変えることを言います。

女子御三家《ごさんけ》といわれる桜蔭《おういん》、女子学院、雙葉《ふたば》（いずれも東京）は1日に入試を実施していますが、プロテスタント系の女子学院が2日に試験日を変えたため、例年なら不可能な御三家同士の併願が可能となり、3校とも志願者数が大きく増えました。これをとらえて、サンデーチャンスと言うこともあります。

サンデーショックが次に起こるのは２０１５年ですので、こういったチャンスは当分ありません。女子学院をはじめ、２日に試験日を移動した女子校は２０１０年は1日に戻ります。それから、09年に変動した志願者数も10年は08年並みに戻ると思われます。

関西圏の入試では、難関校が軒並み志願者を増やしました。男子では兵庫の灘《なだ》、甲陽《こうよう》学院、六甲《ろっこう》、京都の洛星《らくせい》、大阪の大阪星光《おおさかせいこう》学院、奈良の西大和《にしやまと》学園。女子は兵庫の神戸《こうべ》女学院、京都の京都女子、大阪の四天王寺《してんのうじ》などです。

首都圏と違って、関西圏では難関私立大より国公立大志向が強いため、難関大付属校よりも進学校という学校選びになるようです。

また、前にも触れましたが、大阪では私学助成金が削減されたため中高一貫校を中心に志願者が減っている学校が多く、来年もこの傾向は続きそうです。その結果、少し入りやすくなりそうで、大阪の私立一貫校は狙い目になるかもしれません。

ひみつ

難関大付属校の人気アップで、青山学院の志願者増加

積極的な学校改革で、私立一貫校人気が高まる

学校改革によって、志願者数が増えている私立一貫校が多くなっています。

かつて、志願者を増やすための私立一貫校の学校改革は、主に「校舎の新築」「共学化」「デザイナーズブランドの制服」の三つが切り札として、もてはやされた時期がありました。

確かに法政大《ほうせいだい》（東京）はこの三つを同時に実施し、入試改革も行って前年の志願者数746人が、およそ2・5倍の1862人に増えました。明治大付明治《めいじだいふめいじ》（東京）も同じ改革を行って志願者数を増やしています。

この2校はもともとMARCH《マーチ》というブランド力のある大学付属の中高一貫校だからで、三つの改革がすべての学校で切り札になるとは言えなくなってきています。

114ページのグラフをみてください。2009年の入試で前年よりも志願者数が増えた私立一貫校を人数順に並べてみました。

首都圏トップの広尾《ひろお》学園（東京）は、3年連続で志願者を大幅に増やしています。

もともとは順心《じゅんしん》女子学園という女子校でしたが、2007年に共学化して校名を変更しました。そして、2008年の入試からは医学部や薬学部、難関大合格を目指す「特進選

抜コース」を設けて募集を始め、ハード面でも２００９年の夏には新校舎が一部完成しました。

広尾学園は、まだ学校改革に着手してからそれほど時間がたっていません。にもかかわらず志願者数が急増しているのは、今後どんな学校にしていくかというマニフェストがわかりやすく、しっかりしているからです。いまのところ偏差値はそれほど高くないのですが、教育プログラム、カリキュラムを整え、先生の熱意で生徒の最難関大進学の希望をかなえていこうという方針に、親の期待が寄せられているようです。

2位の桜美林《おうびりん》（東京）は、２００９年の志願者数を前年のおよそ3倍に増やしました。2月1日に午後入試を行い、受験生が殺到したのです。午後入試の利点は、ほとんどの私立一貫校の入試が午前中に終わるため、同じ日の午後に他の中学を併願できることにあります。受験生の受験機会が増えたことが志願者増につながったのです。さらに桜美林は4科目ではなく2科目入試にしたため、志願者が倍増しました。

3位の開智《かいち》（埼玉）は２００９年から募集人員が増え、特進クラスにあたる「先端クラス」を設けました。入試回数も２００８年の3回から4回に増やして、志願者が８割もアップしました。

4位の恵泉《けいせん》女学園（東京）はプロテスタント系なので、例年は2月1日に行っている入

[2009年 入試で志願者が増えた私立中(首都圏)ベスト10]

（人）

			09年志願者数	前年比
1	広尾学園(東京)	共学校	5,554	+2,569
2	桜美林(東京)	共学校	2,563	+1,700
3	開智(埼玉)	共学校	3,421	+1,534
4	恵泉女学園(東京)	女子校	1,401	+692
5	国学院大久我山(東京)	共学校	2,588	+660
6	実践女子学園(東京)	女子校	1,713	+531
7	鶴見大付(神奈川)	共学校	1,430	+488
8	関東学院(神奈川)	共学校	1,908	+472
9	東京農業大第一(東京)	共学校	2,047	+460
10	成田高付(千葉)	共学校	949	+459

男子校　女子校　共学校

[2009年 入試で志願者が増えた私立中(関西圏)ベスト5]

（人）

			09年志願者数	前年比
1	武庫川女子大付(兵庫)	女子校	1,591	+488
2	帝塚山(奈良)	共学校	2,510	+333
3	親和(兵庫)	女子校	874	+246
4	立命館(京都)	共学校	1,043	+160
5	初芝立命館(大阪)	共学校	277	+159

男子校　女子校　共学校

試が2009年は日曜日の安息日と重なったため、翌2日に試験日を移しました。いわゆるサンデーショックですが、2008年は2回に減らした入試を3回に戻し人気を集めました。

5位の国学院《こくがくいん》大《だい》久我山《くがやま》（東京）は、特進クラスである「STクラス」の入試を2008年は午後入試で行って志願者が増えましたが、2009年はその午後入試を2回行い、さらに人気となりました。3位の開智もそうですが、大学合格実績が目覚しく伸びており、それもプラスに働いているとみられます。

6位の実践《じっせん》女子学園（東京）は2回入試を3回に増やし、志願者増となりました。

関西圏1位の武庫川《むこがわ》女子大付（兵庫）は理数系に力を入れている学校です。2006年には女子校ではじめて「スーパーサイエンスハイスクール」の指定を文部科学省から受け、「スーパーサイエンスコース」を設置。翌07年には「スーパーイングリッシュコース」と「インテリジェンスコース」も加え、志願者数を増やしています。

2位の帝塚山《てづかやま》（奈良）は大学合格実績が伸びていることが大きいとみられます。さらに

ひみつ

広尾学園は、期待値で志願者が前年比2500人増

2009年、阪神と近鉄が相互乗り入れする阪神なんば線の開通により阪神間からの生徒が志願したこと、大阪の私立中の学費が値上げされたことにより、志願者が増えたとみられます。

ただし、ここに登場した学校のように、新校舎を建て、特待生制度やコース別募集を行い、入試回数を増やし、学校への交通の便がよくても、志願者が増えない私立一貫校はたくさんあります。

外見だけきれいに着飾っても中身のない人間は相手にされないのと同じで、すばらしい教育を進めようとしても、それを生徒や親と一緒につくっていく先生にやる気がなければ人気のある学校にはなっていきません。

また、新たに特進クラスをつくっても、すぐに東大に合格できるような優秀な生徒が入ってくるわけではありません。

たとえば偏差値45の私立一貫校が特進クラスを設置すると、50を超えたぐらいの生徒が入学してきます。偏差値が5以上違えば、先生はいままでの生徒との違いを実感し、授業にも力が入ります。そして優秀な生徒に周りの生徒が引っ張られ、勉学に意欲をもつようになります。こういった成果の積み重ねで、学校は着実に伸びていくのです。

英語教育の目標は、国際的に活躍できる人材の育成

国際化の波を受けて、英語教育に力を入れる私立一貫校が増えてきました。主要5教科の中で最も授業時間数が多いのは、ほとんどの学校で英語です。

これまでは中学で初めて学ぶ科目でしたが、２０１１年に始まる新学習指導要領では小学5、6年生から英語を学びます。政府も英語教育を重視しているのです。

英語に力を入れ、とくに受験対策ではなく使える英語の習得を目指す学校も増えています。その草分けが大阪薫英《おおさかくんえい》女学院（大阪）です。高校の「国際科」を中心に20年前から行われていますが普通科にも「留学コース」があり、一貫校生は高校1年でニュージーランドやカナダの姉妹校に1年間ホームステイして留学します。生徒たちは英語が話せるようになり、国際化時代にふさわしい人材となって帰国することになります。

この結果、生徒の多くが英語を得意科目としているので、いまでは関関同立《かんかんどうりつ》（関西《かんさい》大、

ひみつ

英語力のアップで、難関大へ多数合格

関西《かんせい》学院大、同志社大、立命館大）への合格者総数は１６２人になっています。

いまの大学入試では、英語１科目だけの入試、３科目でも英語の配点を高くする入試もあり、英語に強いことは大学入試に有利なのです。ただ、大学合格実績が伸びているのは結果であって、国際的に活躍できる人材育成が英語教育の本来の目標です。

首都圏でも佼成《こうせい》学園女子（東京）の「特進留学コース」では、高校１年の１月から２年の12月までの１年間、ニュージーランドに留学する制度を設けています。同校の大学合格実績も大きく伸びています。

また、日本の高校を卒業後、海外の大学に進学する生徒もいます。

加藤学園暁秀《かとうがくえんぎょうしゅう》（静岡）は１９９８年に「バイリンガルクラス」を設け、02年からは国際教育推進団体「国際バカロレア機構」のカリキュラムを日本語と英語の両方で学べるように改革しました。そのクラスでは中学で全教科の45〜60%を英語で学び、高校になると国語、保健体育以外の授業はすべて英語で学びます。その結果、ここ5年間でハーバード大、マサチューセッツ工科大、エール大など日本でも有名なアメリカの大学に進学者を送りだすという成果を上げています。

実践《じっせん》女子学園（東京）の「国際学級ＧＳＣ」（グローバルスタディークラス）では、高校卒業後、すぐに海外の大学へ進学できることを視野に入れた教育を行っています。

大学合格実績が伸びていく過程を知って、学校を選ぶ

中高一貫校には「大学合格実績が良かった年の7年後に、さらに実績が伸びる」という説があります。受験生と親は合格実績をみて志望校を決めていきます。合格実績が良かった学校では、その翌年に志願者が増え、厳しい入試を勝ち抜いた優秀な生徒が入学してきます。この生徒が卒業するのは6年後ですから、実績が良かった年から数えると、7年後にまたいい結果がでるということです。

そうは言っても7年も先のことはわかりません。しかし、合格実績の年ごとの変化をみて予測することは可能です。

ある年の単独の実績だけみても、たまたまその年の生徒が優秀だっただけかもしれません。しかし、10年間の合格実績をみると、だいたいわかります。その際、どこの大学に何人合格しているかをみるのは時間がかかりわかりにくいので、難易度が似た大学をグルー

ひみつ

大学合格実績は「どの大学グループに合格者が多いか」でみる

プに分けて比較すると便利です。

たとえば、MARCH《マーチ》（明治大、青山学院大、立教大、中央大、法政大）の合格者数を10年前と比べてみましょう。増えていれば当然伸びているということになりますが、ここで肝心なのはMARCHが伸びていれば、さらにその上の早慶上理《そうけいじょうり》（早稲田大、慶應義塾大、上智大、東京理科大）の合格者数も増えていくということです。

伸びていく学校は段階を踏みます。東大合格者がずっと0人という状況から、いきなり10人以上になることはまずありません。首都圏だと一般的に「MARCH→早慶上理→国公立大→東大・国公立大医学部」という順に合格者が増えていくのです。

女子校ですとMARCHの前に日本女子大、津田塾大、東京女子大の合格者が増えるケースが多いようです。

以上の流れを踏まえて、志望校がどの段階にいるのかを把握してください。

ここで注意したいのは、学校の上位層の生徒による難関大の合格者数に目を奪われてしまうことです。入学後その層に入れる保証はありません。それよりも、成績が真ん中の最も人数の多い層が、どの大学グループに合格しているのかをみるほうが、学校選びとしては有効です。

ひみつ

模試の結果は目安に過ぎず、むしろ弱点発見のために活用する

首都圏では、三大模試を受けるのが一般的

志望校選びの重要な目安となるのが、模擬試験（模試）の成績です。なかでも一般に公開して多くの小学生が受験しているのが「三大模試」です。

三大模試とは、四谷大塚、全国中学入試センター、首都圏模試センターがそれぞれ実施している模試です。ほとんどの受験生がこの三大模試を受け、偏差値や志望校内の順位などで受験校を絞っていきます。三大模試にはそれぞれ次のような特徴があります。

四谷大塚の模試は偏差値45以上のレベルの高い生徒向きにつくられているので、上位校のデータは豊富ですが、下位校のデータはあまり多くありません。全国中学入試センター（センター模試）は大手塾の日能研が実施しています。首都圏模試センター（首都模試）は基礎・基本を出題するので、問題が優しいのが特徴です。

また、三大模試はそれぞれ受験者層が異なるため、同じ志望校でも首都模試の偏差値は高く、四谷大塚とセンター模試は低くでる傾向があります。

２００８年の10月に三大模試を受験した小学生は延べ５万４０００人で、首都圏の私立中受験者総数（５万２５００人）にほぼ匹敵しています。

一度も受けない生徒もいるようですが、私立中を受験するのであれば、挑戦してみることをお勧めします。早い時期に受ければ、その時の自分の実力がわかり、今後の学習方針がたてやすくなるからです。

模試は学校選びの目安となる他に、力試しと弱点発見のために受けるものと割り切って活用しましょう。模試は受けるよりも返送されてからが大切です。間違ったところを見直し、解き直しするのは当然ですが、よく間違えるところは弱点ですから、参考書や問題集を使って徹底的に理解することが必要です。正解をみてわかったつもりになるのではなく、しっかりと自分のものにすることで差がつきます。

また、模試の成績に一喜一憂しないことも大切です。四谷大塚の模試で良い成績がでないから、センター模試も受けてみる、それも思わしくなかったから首都模試を受けるといった具合に、毎週のように受け続けても実力はつきません。模試は今の自分の実力を測る手段にすぎません。目標は入試で合格することであって、模試で良い点をとることではありませんから、そこを勘違いしないようにしたいものです。

ひみつ

偏差値は変動するもの。ひとつの学校でも入試ごとに変わる

偏差値は、学校の格付けではない

中学受験において、偏差値は頼りになるデータのひとつです。そもそも偏差値が、中学受験の模試に初めて導入されたのは、30年ほど前のことです。

それまでは模試の席次の表示しかなく、点数による順位で合格可能性を判断していました。試験の点数だけでは、自分が試験を受けた人たちの中でどの位置にいるのかわかりません。自分の実力が把握しにくいのです。

偏差値が中学受験に導入されるようになってから、そのようなことはなくなりました。たとえば偏差値が50だったとすると、試験内容や点数に関係なく、自分の実力は全体の真ん中だとわかります。

では、中高一貫校の偏差値はどのように決められているのでしょうか。

三大模試では、模試を受けた生徒がどの学校に合格してどの学校に不合格だったかを調べ、生徒の模試の偏差値と照らし合わせて合否の分布表を作成します。その結果、合格者数が不合格者数を上回る数値が、その学校に合格するために必要な偏差値となります。

しかも偏差値は変動するのが当たり前なのです。たとえば入試直前の模試で偏差値が低くでた学校は本番の入試で狙われて偏差値が上がり、逆に偏差値が高くでた学校は本番では敬遠されて偏差値が下がる場合があります。

中学入試の志願者数は1校あたりそれほど多くないため、ちょっとした出願の動きがすぐに偏差値のアップ・ダウンに影響を与えるのです。

偏差値は、その学校に合格するために必要な学力の目安であって、私立中全体の中でその学校を格付けする数字ではありません。ですから、偏差値70の学校が40の学校より良いと言うことはできないのです。

また、偏差値はひとつの学校でも入試回数分の数字があります。東京や神奈川の学校では、1回目の入試と2回目の入試の偏差値では2回目のほうが高いことが多く、同じ日の午前と午後入試では午後入試のほうが偏差値は高いことが多いのです。共学校では男子と女子で偏差値が異なる場合もあります。

偏差値がひとつしかない学校は開成《かいせい》（東京）や桜蔭《おういん》（東京）など、入試が1度しかない別学の学校だけです。

大学合格実績と偏差値だけで、学校を選ぶのは危険

次ページのグラフは、受験生の親が学校選びで「何を重視しているか」を首都圏の中学受験塾へアンケート調査した結果です（09年、大学通信調べ）。

重視していることでいちばん多かったのは「大学合格（進学）実績（付属校を含む）」で、8割を超えています。学校選びではダントツの志望理由になっています。

その次に重視しているのは「偏差値」「通学の交通の便」「教育方針」の順で、それぞれ5割を超えました。親は志望校を選ぶ時、大学合格実績と偏差値で絞り、その学校の中から通学できる範囲かどうかという尺度で選んでいることが浮かび上がってきます。

もちろん、学校選びで大学合格実績と偏差値を活用するのは当然のことですが、このふたつに頼りすぎるのは間違いのもとです。それよりも「学校の中身」（建学の精神、別学や共学の違い、校風、学校の雰囲気、教育方針など）もあわせて検討することが大切です。

私立一貫校にはそれぞれ建学の精神があり、培《つちか》われてきた校風も各校独自のものです。同じキリスト教の学校でも、女子学院（東京）、立教《りっきょう》女学院（東京）、フェリス女学院（神奈川）など自由な校風のプロテスタント系と、雙葉《ふたば》（東京）、白百合《しらゆり》学園（東京）、光塩《こうえん》女

[保護者は志望校を選ぶ際に何を重視していますか？（複数回答)]

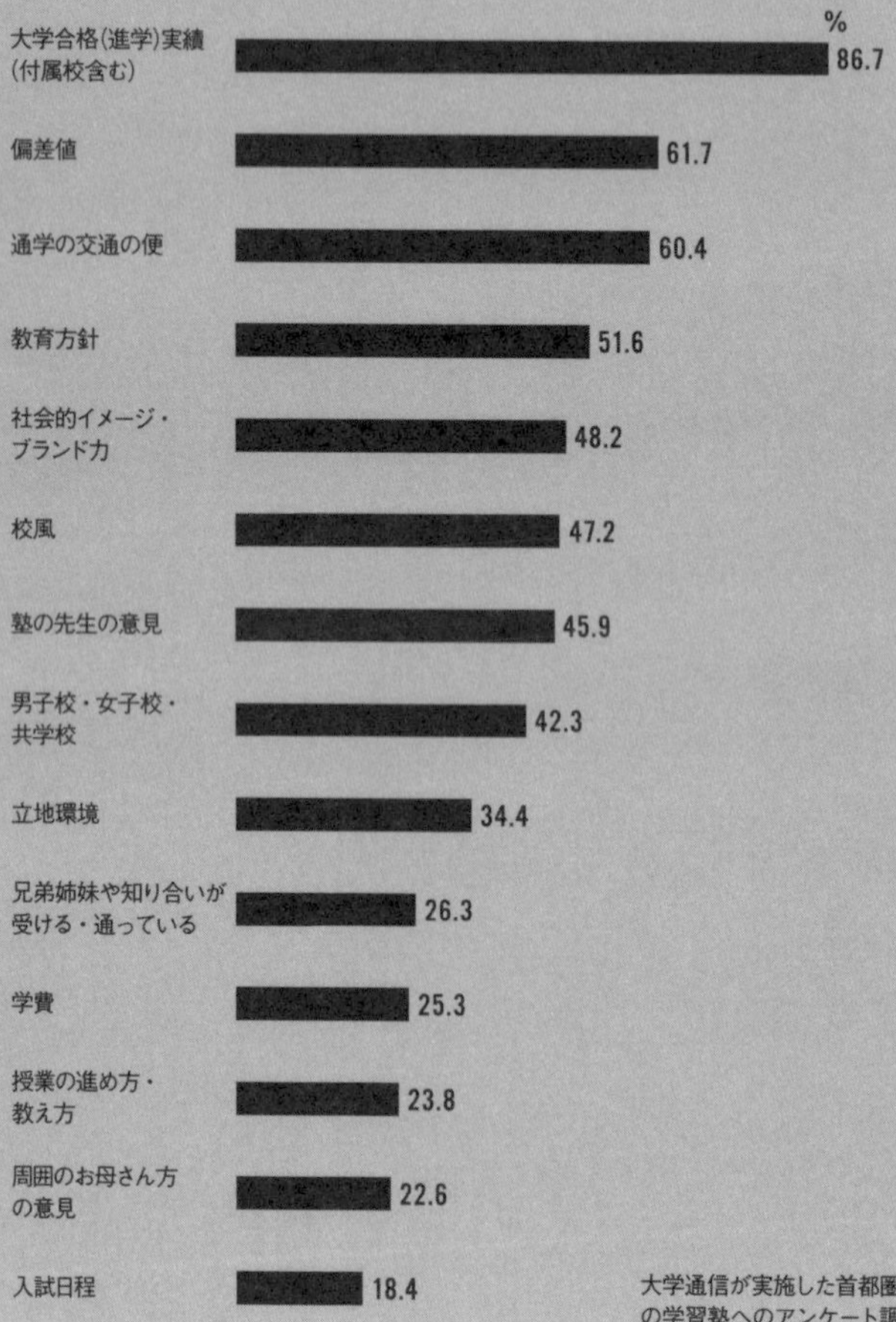

大学通信が実施した首都圏の学習塾へのアンケート調査(2009年)より

ひみつ

「何となく合う気がする」も大事なポイント

子学院（東京）などやや厳しいカトリック系では、先生の生徒への接し方、学校の雰囲気がかなり違ってきます。

教育方針も重要です。文武両道の学校でも学習に力を入れているところとクラブ活動に力を入れているところでは、高校1、2年の夏休みを夏期講習ですごすのか、部活動の練習に費やすのかといった大きな差になってきます。

また、カリキュラムで理数系に重点をおいている学校と英語教育に力を注いでいる学校とでは、大学合格実績が変わり、子どもの進路にも影響します。

東大合格者数ランキングベスト10に入っている私立一貫校は、大学合格実績も偏差値も高い学校が多くなっています。しかし、建学の精神、校風、学校の雰囲気、教育方針はそれぞれ違います。入学後、学校になじめないなどとならないよう、学校の中身をよく調べることが大切です。

学校の中身を知るいちばん良い方法は学校説明会や文化祭などに足を運んで、生で学校の雰囲気を感じ、先生や生徒の様子をみることです。学校説明会への参加は「通学の交通の便」の確認にもなります。

また、説明会で学校へ行ってみて「何となく子どもに合っている気がする」と感じることがあります。とくに学校の全体的な雰囲気となると、言葉では表しにくいものです。「何となく」という理由では第三者にも伝えにくく、相談するのもむずかしくなります。

その点、大学合格実績や偏差値ははっきりした数字がデータとしてありますので、その明確さに押されて「何となく」という直観はだんだん隅に追いやられ、結局、データ重視で選ぶことになってしまいがちです。

しかし、迷った時は親の第六感のほうが、データより正しいことが多いとも言われています。学校選びでは「何となく」という感性も大切にするようにしましょう。

5章

名付

大学付属校と名門進学校

難関大の付属校新設・改革進み、人気アップに拍車

首都圏の難関大付属校では、いま、学校改革が盛んに行われるようになってきました。大学別にその取り組みをみていきましょう。

◉MARCH《マーチ》の付属校

法政大《ほうせいだい》（東京）は2007年に男子校から共学校に変わり、法政大第一から校名を変更。さらに私服から制服（新規導入）の着用を制定し、武蔵野市から三鷹市の新キャンパスに移転するという大改革を行いました。その結果、志願者は激増しました。

2008年には、千代田区の明治大駿河台《するがだい》キャンパスそばにあった明治大付明治《めいじだいふめいじ》も都心を離れ、いままでの5・5倍もある調布市の広大なキャンパスに新校舎を建設、男子校から共学校に変わって、大変な人気を集めました。

これまで高校しかなかった東京の中央大付高が、2010年に中学を新設します。定員は150人で男女共学の5クラス、高校に隣接した土地（小金井市の玉川上水沿い）に新校舎を建設しました。また、中央大は2010年に横浜山手《やまて》女子（神奈川）と合併して

「系属校《けいぞくこう》」とし、中央大横浜山手に校名を変更します。翌11年には付属校となる計画です。現在、共学に変えるための協議が進められているところです。系属校は付属校とは異なり、経営母体である学校法人が別になります。会社で言えば子会社のような位置づけです。

立教大は、系列の立教女学院（東京）から希望者全員が立教大に進学できるように改革し、香蘭《こうらん》女学校（東京）からの進学枠も拡大しました。

青山学院大では、文系学部の学生は神奈川の相模原《さがみはら》と都心の青山の両キャンパスに分かれて学んでいますが、２０１２年からは文系学部の学生は4年間、青山キャンパスで学ぶことができるようになります。そのため、２００９年に入学した中等部生は文系学部に進学すると中学から大学卒業まで青山キャンパスに通うことになるため、人気を集めました。

首都圏の有名大では上智大、東京理科大、津田塾大、東京女子大などには付属校がありません。

◉早稲田大の付属校

２０１０年、早稲田《わせだ》大高等学院（東京）に中学部が新設されます。定員は１２０人、４クラスの男子校になります。志願者が殺到することは間違いありません。

さらに同年、佐賀《さが》の唐津《からつ》市に早稲田佐賀が開設予定で、設置と同時に早稲田大の系属校になります。佐賀は早稲田大の創立者・大隈重信《おおくましげのぶ》の出身地という縁で設置されます。同校はアジア諸国からの留学生を受け入れる計画で、最初は卒業生の半数ほどが早稲田大に進学できる予定です。早稲田大以外の進路もあり、難関国公立大、国公立大の医・歯・薬学部を目指す力をつけていく教育を行う方針のようです。

早稲田や早稲田実業（ともに東京）なども早稲田大の系属校ですが、大学への優先入学枠があり、早稲田実業は全員が早稲田大に進学できるので付属校と何ら変わりはありません。

また、２００９年からは大阪にある摂陵《せつりょう》が早稲田大の系属校になりました。40名程度が早稲田大に優先的に進学でき、校名も早稲田摂陵に変わりました。ところが、大阪では早稲田人気はいまひとつでした。そのため、２０１０年は共学校に変わり、首都圏でも入試を行う予定です。

◉関関同立など関西圏の付属校

このような難関大の付属校新設ラッシュの先鞭《せんべん》をつけたのは、関西圏のトップ私立大、関関同立《かんかんどうりつ》（関西《かんさい》大、関西《かんせい》学院大、同志社大、立命館大）です。

その中でも最初に付属校を積極的に増やしたのが立命館大で、１９９３～２００７年の間に立命館《りつめいかん》宇治《うじ》（京都）、立命館慶祥《けいしょう》（北海道）、立命館守山《もりやま》（滋賀）をそれぞれ新設しました。以前からあった立命館（京都）とあわせて4校の付属校をもつようになったのです。

２００９年からは大阪、和歌山に三つの中高一貫校をもつ大阪初芝《はつしば》学園と提携しました。初芝堺中と初芝高が初芝立命館（大阪）となり、生徒の大半が立命館大と立命館アジア太平洋大（ＡＰＵ）に進学します。初芝富田林《とんだばやし》（大阪）には特別推薦枠が設けられ、成績などで条件を満たせば立命館大とＡＰＵへ進みます。初芝橋本《はしもと》（和歌山）には立命館コースが設けられ、このコースの卒業生は基本的に立命館大とＡＰＵに進学することになります。

関西大は２００８年、大阪の北陽《ほくよう》高と合併して関西大北陽に校名変更し、付属校にしました。２０１０年には中学を新設します。また、同年には新キャンパスを大阪の高槻《たかつき》に開設し、社会安全学部を設置しますが、同時に初等部（小学校）、中等部（中学）、高等部（高校）をつくり、12年一貫教育を実施することになります。

関西学院大は２００５年、兵庫の啓明《けいめい》学院に共学部を設け、関西学院大に優先進学できる継続校（系属校と同じ）にしました。また、２０１０年には大阪の千里国際《せんりこくさい》学園と合併し、中高一貫校の関西《かんせい》学院千里国際となる予定です。さらに関西学院中学部は男子校でしたが、共学の初等部が設置されたことによって2012年から共学になり、高等部もその3年後に共学に変わります。

同志社大はもともと付属の中高が数多くあり、いまのところ新設の動きはありません。

関西圏では他にも京都産業大が、2007年に中高一貫校の京都成安を京都《きょうと》産業《さんぎょう》大付(京都)として開校しました。内部進学希望者は原則として全員が京都産業大に進学が可能です。

龍谷大も同じ宗派の中高一貫校、平安との教育提携を強化して、2008年に龍谷大付《りゅうこくだいふ》平安《へいあん》(京都)に校名変更し、付属校としました。

これで、関西圏のほとんどの有名大学に付属校が設置されたことになりました。

⦿国立大の付属校

こういった改革の動きは、国立大でもみられるようになってきています。以前は国立大の付属校からエスカレーター式に大学に進学する特典は一切ありませんでしたが、2003年に行政の一部から国立大学法人として独立したため独自の展開ができるようになったのです。

横浜国立大付横浜(神奈川)には高校がありませんが、2012年から県立光陵《こうりょう》高に進学可能になります。

神戸大の付属小中は2校ありましたが、小学校１校と6年一貫教育の中等教育学校１校に変わります。中学の募集は２０１５年からになります。

お茶の水女子大は２００８年からお茶の水女子大付（中学は共学校、高校は女子校）からの内部進学が可能になりました。

東大にも付属の中等教育学校がありますが、東大への優先入学枠はありません。

難関大の付属校人気はおそらく今後も上がっていくと思われます。来年以降に設置される予定の学校情報にも気を配りましょう。

ひみつ

新設の早稲田佐賀は、卒業生の半数が早稲田大へ進学の予定

内部進学する付属校と難関大受験をする付属校

2009年の私立一貫校の入試では大学付属校が大人気でしたが、その結果を裏付けるかのような結果が左の図に示されています。塾に聞いた「保護者に人気の私立一貫校ベスト15」です。

ベスト15の17校のうち9校が大学付（系）属校になっています。その9校の内訳をみると、早稲田大が2校で、それ以外は慶應義塾大、明治大などすべて1校ずつです。難関大をはじめ、多くの大学付属校が改革に着手し始めたことが人気の要因のひとつです。

実はいま、難関大に限らず付属校が大人気なのです。少子化などで危機感をつのらせた大学の付属校の中には、生徒や親のニーズに答えるために、付属校でありながら他大学受験を認めるなど、以前では考えられなかったさまざまな改革に取り組み始めているのです。その成果がここへきてお母さんたちの信頼を得たというわけです。

7位の神奈川大付（神奈川）は、1989年には卒業生の60％が神奈川大に進学していましたが、2009年は東大に2人、早慶に56人が合格するなど、他大学への合格実績が伸びています。その理由は、広いキャンパスに改築された校舎という恵まれた環境のなか、

[保護者に人気の私立一貫校はどこですか?]

順位	付属	学校名	区分	ポイント
1	付	早稲田実業(東京)	共学校	64 ポイント
2	付	慶應義塾普通部(神奈川)	男子校	61
3		渋谷教育学園幕張(千葉)	共学校	46
4		浅野(神奈川)	男子校	45
5		市川(千葉)	共学校	43
6		本郷(東京)	男子校	42
7	付	神奈川大付(神奈川)	共学校	37
8	付	日本大(神奈川)	共学校	35
9	付	明治大付明治(東京)	共学校	34
10		聖光学院(神奈川)	男子校	32
11	付	駒場東邦(東京)	男子校	31
11		豊島岡女子学園(東京)	女子校	31
13		茗溪学園(茨城)	共学校	29
13	付	跡見学園(東京)	女子校	29
15	付	大妻(東京)	女子校	28
15		芝(東京)	男子校	28
15	付	早稲田(東京)	男子校	28

大学通信が実施した首都圏の学習塾へのアンケート調査(2009年)より。410塾・教室から回答あり

ポイントは塾に5校連記で回答してもらい、最初の学校を5ポイント、2番目の学校を4ポイント……として集計

付 付属校　男子校　女子校　共学校

6年間を2年ごとに「成長期」「発展期」「飛躍期」に分けた無理のない先取り学習を導入し、正規の授業（1〜6時限）以外にも早朝の0時限と放課後の7時限に講習を行い、大学受験に必須の選択科目などのレベルアップを図っているためです。

8位の日本大（神奈川）は、神奈川大付とは逆に内部進学者の多い学校です。日本大の付属校の中でも併設の日本大への進学者が多くなっています。日本大は医学部も含めて14の学部をもつ総合大学で、生徒が進みたいと思う学部を網羅《もうら》しています。そのため、あえて他大学を受験する必要がないため、中学入学時からエスカレーター式に内部進学することを望む親に人気があるようです。

日本大の他にも、併設大への進学を第一に考える親や子どもに人気の付属校は多数あります。学校も内部進学を前提とした教育を展開しています。こうした傾向は多くの学部がある大学の付属校にみられ、グラフにはでてきませんが東海大（18学部）の付属校も内部進学者が多いことで知られています。偏差値がそれほど高くないため、中学に入りやすいこともその理由とみられます。

このように大人気の付属校ですが、昔からずっと人気が続いていたわけではありません。7、8年前までは受験生の付属校離れが深刻な問題となっていたのです。付属校に入ればエスカレーター式に進学できる大学が、付属校以外の学校からでも受験して入りやすくなったためです。

大学受験生数のピークは１９９２年のおよそ１２１万人、それがいまでは74万人にまで減っています。にもかかわらず大学の数はどんどん増え続け、92年に５２３校だった大学が２００９年には７６５校となり、２４２校も増えているのです。

受験生は減少する一方なのに大学の数は増加していることから「大学全入時代の到来」とまで言われるようになりました。

ただし、受験生数がピークに達する前の１９８６〜92年の7年間は、毎年、受験生数が増え続けていたので大学入試は大変な激戦でした。ところが、93年以降は受験生数が減少し始め、追い打ちをかけるようにバブル経済崩壊による不況が社会に沈滞ムードをもたらし、学費が高めの付属校への進学熱は急速に冷めていったのです。

誰でも簡単に大学に合格できるのであれば、高い学費をはらって付属校に進学させるメリットがありません。

そこで親は、付属中の偏差値ではなく、大学の偏差値に注目するようになりました。難

ひみつ

神奈川大付は、難関大進学校として人気上昇

易度が高くて合格するのが難しい大学でなければ、中学から進学させてもあまり意味がないと考えるようになったのです。

つまり、いくら付属校が「大学にエスカレーター式に進学できます」という看板を掲げても、中学から子どもを進学させたいと考えるのは、大学入試がまだまだ厳しい早稲田大や慶應義塾大など、ほんの一部の難関大の付属校にしぼられたのです。他の大学の付属校は「大学入試で楽に合格できるから進学させなくてもいい」とみられてしまったわけです。

結果的にそうした苦境が学校改革のきっかけになり、その効果が表れ始めて、再び大きく流れが変わり始めているのです。

図でみてきたように、いまも早稲田大、慶應義塾大など難関大の付属校は相変わらず人気です。また、多くの学部がある付属校も志願者を増やしています。その一方で、名前だけ付属校で、実質的には進学校という神奈川大付のような学校も増え、人気を集めているのです。

つまり、「併設大への内部進学を目指す付属校」と「併設大へは内部進学せずに難関大受験を目指す付属校」の両方が、子どもや親の支持を得ているのです。

難関大付属校は、8割を超える内部合格率

難関大付属校で、内部合格率（付属校からの併設大合格者数÷卒業生数×１００）が8割を超える学校を１４２ページの表にまとめました。

これらの付属校は、ほとんどの生徒がエスカレーター式に併設大へ進学できます。早稲田大の2校、慶應義塾大の4校はいずれも95％を超えています。とくに早稲田《わせだ》大高等学院（東京、10年に中学部開校）は99・2％、慶應《けいおう》義《ぎ》塾《じゅく》湘南《しょうなん》藤沢《ふじさわ》（神奈川）99・1％と１００％に限りなく近く、ほぼ全員が進学していると考えてよいでしょう。

２００８年の慶應義塾大のデータをみると、4校の付属校からの進学者は大学定員の21・8％を占めます。早稲田大の付属・系属校4校からの進学者は15・4％になります。早稲田大は今後、系属校が増えるため、さらにこの割合は高くなります。

難関大付属校で注意しなければならないのは、併設大学への進学条件です。早稲田大や慶應義塾大のように「高校を卒業すれば希望者全員が進学できる」という付属校はごく少数です。ただし、たとえ全員が進学できるとしても学部の受け入れ枠には限りがあります。在学中の成績が悪ければ希望する学部に進学できないこともあるのです。

[2009年 内部合格率8割以上の難関大付(系)属一貫校]

大学	一貫校	内部合格率%
青山学院大	青山学院(東京)	81.5
慶應義塾大	慶應義塾(神奈川)	98.7
	慶應義塾志木(埼玉)	96.5
	慶應義塾女子(東京)	95.5
	慶應義塾湘南藤沢(神奈川)	99.1
法政大	法政大(東京)	85.8
明治大	明治大付明治(東京)	93.8
	明治大付中野八王子(東京)	81.1
立教大	立教池袋(東京)	87.2
早稲田大	早稲田大高等学院(東京)	99.2
	早稲田実業(東京)	96.6
同志社大	同志社国際(京都)	92.2
	同志社(京都)	82.6
	同志社女子(京都)	84.1
	同志社香里(大阪)	93.9
立命館大	立命館(京都)	92.4
	立命館宇治(京都)	96.0
	立命館守山(滋賀)	96.1
関西大	関西大第一(大阪)	90.2
関西学院大	関西学院(兵庫)	91.6
	啓明学院(共学部)(兵庫)	91.2

中学があり、そこから進学可能な高校からの内部合格率
早稲田大高等学院は 2010年、中学部が開校
内部合格率：内部進学が認められている生徒の割合(他大学へ進学する生徒も含む)

後述しますが、早慶の付属校もその例外ではありません。

一般的に内部進学の条件とされているのは次の3点です。内部進学の条件は学校によって異なりますので、説明会などでしっかり聞いておくことが大切です。

◉在学中に、一定の成績をとった生徒が進学
◉大学の受け入れ人数には制限があるので、その枠内での進学
◉内部試験や付属校統一試験の成績によって進学

内部進学で、とくに問題になるのは枠の人数制限が厳しい医学部です。どこの大学でも医学部の入学定員は100人ほどしかなく、しかも大学の一般入試での受け入れ枠もあるので、付属校の進学枠はかなり限られてしまうのです。

そのため、慶應義塾大の付属校でも希望者全員が医学部へ進学できるわけではありません。慶應に限らず、日本大、東海大、帝京大、近畿大などでも、医学部に進学を希望する

ひみつ

早慶の付属校は原則、全員が早大、慶大に進学可

付属校の生徒は、内部進学の枠内に入れなかった時には、他大学の医学部を受験しなければならないのです。

また、最近の傾向として、付属校や系属校だけでなく、大学が高校と提携して内部進学に近い形で生徒を受け入れるケースも増えています。

２００９年2月に青山学院大と横須賀《よこすか》学院（神奈川）が提携して、推薦枠を拡大する方向で検討に入っています。もともと同校は青山学院の分校だったという経緯もあります。

明治学院大と提携するのが捜真《そうしん》女学校（神奈川）、玉川聖《たまがわせい》学院（東京）、横浜英和《よこはまえいわ》女学院（神奈川）の3校です。いずれも建学の精神がキリスト教で共通している学校です。

関西圏でも提携は進んでいます。関西学院大は三田《さんだ》学園（兵庫）、帝塚山《てづかやま》学院（大阪）、清教《せいきょう》学園（大阪）と提携し、これらの学校内には「関学コース」が設けられ、付属校からの内部進学と同じような条件になっています。

併設大への進学権利をもちながら、他大学受験を認める付属校

付属校人気復活の大きな改革のひとつが、併設大への進学の権利をもちながら、他大学の受験を無条件に認めるというものです。

どういうことかと言いますと、併設大への進学の権利を確保して他大学受験する場合は、一般的に併設大にない学部を受験する場合のみ認められます。いまもそういう付属校は多いのです。つまり、併設大にあるにもかかわらず他大学の同じ学部を受験する場合は、内部進学の権利を放棄しなければならないわけです。

それがここ数年、併設大に進学希望の学部がある場合でも、他大学受験を認める付属校が増えてきたのです。

この制度は、他大学受験に失敗しても併設大に進学できるため、浪人しなくてすみます。まさに「進学の自由と安定」を保障する画期的な制度なのです。進学校にはまねできない付属校の新しい魅力となったわけです。

現在、この制度は共立《きょうりつ》女子（東京）、共立女子第二（東京）、実践《じっせん》女子学園（東京）、法政大《ほうせいだい》（東京）、成蹊《せいけい》（東京）などで実施されています。他にも帝京大《ていきょうだい》（東京）は国公立大や早慶などの難関私立大に限って、明治大の付属校は、国公立大のみ、他大学受験を認めています。

ここで注意しなければならないのは、「他大学受験を認める」という権利があるだけなのか、それとも学校で受験の面倒までみてくれるのかということです。

「他大学受験は相談には乗るが、自分の責任で挑戦してほしい」と言うのと、「他大学を受験できる力をつけたうえで併設大に進学してもいい」と言うのとではずいぶん異なるということです。

一方、校名には大学名がついていても、中身は進学校と変わらない付属校もあります。前述した神奈川大付（神奈川）などがそうです。そういった付属校は、大学と経営が同じ法人だったり、大学の系列校だったりして名前が残っているだけで、エスカレーター式に併設大へ進学するのではなく、併設大より高いレベルの大学に進学しています。

東大合格者数の多い私立一貫校の武蔵《むさし》（東京）やフェリス女学院（神奈川）は、以前から併設大である武蔵大やフェリス女学院大に進学しないことで有名でした。

同じく私立一貫校の駒場東邦《こまばとうほう》（東京）も併設に東邦大がありますが、医学部以外には進学していません。兵庫の神戸《こうべ》女学院も併設大に進学しないことで知られています。

このように以前から名前だけの付属校はありましたが、近ごろは学校改革によって進学校に中身を変えようとしている付属校が増えているのです。

[10年間で内部合格率が下がった主な付属校]

	1999		2009
桜美林(東京)	21.1	↘	12.4 %
大妻(東京)	22.9	↘	1.9
学習院(東京)	66.5	↘	61.9
学習院女子(東京)	72.4	↘	66.3
神奈川大付(神奈川)	10.6	↘	1.5
国学院大久我山(東京)	14.5	↘	13.2
実践女子学園(東京)	32.2	↘	29.1
芝浦工業大(東京)	53.2	↘	42.3
昭和女子大付昭和(東京)	63.4	↘	44.2
成城学園(東京)	60.7	↘	58.8
専修大松戸(千葉)	34.5	↘	10.0
獨協(東京)	15.6	↘	4.3
近畿大付(大阪)	87.1	↘	61.6
甲南(兵庫)	74.4	↘	63.1
帝塚山(奈良)	11.3	↘	0.8

147ページの表をみてください。内部合格率を2009年と10年前の1999年とで比較して、下がっている有名付属校を挙げてみました。10年間で内部合格率が低下したということは、学校の中身が10年の間で進学校に傾いてきたことを意味します。

内部合格率が大きく下がって10%を切っている大妻《おおつま》（東京）、神奈川大付、獨協《どっきょう》（東京）、帝塚山《てづかやま》（奈良）は、「他大学を受験できる力をつけたうえで併設大に進学してもいい」という付属校だと考えていいでしょう。もう中身はほとんど進学校と変わりありません。

国学院《こくがくいん》大久我山《くがやま》（東京）や桜美林《おうびりん》（東京）、専修大松戸（千葉）は10%台ですが、もはや付属校というよりも進学校として認知されており、人気も高まってきています。

実践女子学園（東京）、昭和女子大付昭和《しょうわじょしだいふしょうわ》（東京）、芝浦工業大《しばうらこうぎょうだい》（東京）のように40～20%台まで内部合格率が下がっている付属校は、進学校に変わる寸前の「進学校予備軍」とみていいでしょう。

「自分の責任で他大学受験に挑戦しなければならない学校」と「他大学を受験できる力をつけてくれる学校」の違いは、このように内部合格率がかなり低ければわかるのですが、50%前後の場合は判断がむずかしくなります。

やはり、学校説明会で質問するのがいちばん確実で手間もかからないでしょう。大勢の前で質問しにくければ、説明会が終わったあとに直接先生に尋《たず》ねてみてください。親切に答えてくれるはずです。

説明会に参加できなければ、インターネットで学校を検索してホームページをみてみましょう。難関大進学を目指すコースやクラスの設置が明記されていれば、その付属校は「他大学を受験できる力をつけてくれる学校」です。

また、他大学への合格実績をみるのもひとつの方法です（150ページの表、参照）。例外もありますが、国公立大や難関私立大にたくさん合格者を送りだしている付属校は、大学受験の実力をつけてくれる学校だと考えていいでしょう。逆に、大学合格実績があまりかんばしくない付属校は、他大学受験は認めるけれど、あくまでもその準備は本人まかせと考えられます。

ひみつ

他大学受験をサポートしてくれる学校か、見極めが必要

[2009年 他大学への進学実績が高い付属校]

高校名	所在地	東京大	京都大	北海道大	東北大	名古屋大	大阪大	早稲田大	慶應義塾大	上智大	東京理科大	同志社大
東北学院	宮城		3	2	9			10	2	2	25	1
立教新座	埼玉	1	1	1				27	13	13	15	
専修大松戸	千葉			1	1			24	11	15	44	
東邦大付東邦	千葉	4		2	9	1	1	75	50	20	106	
大妻	東京		2					38	12	19	23	1
学習院	東京	2						34	17	11	16	
学習院女子	東京		1					7	5	1	1	
共立女子	東京							41	14	14	10	5
国学院大久我山	東京	3	1	3	2			124	38	36	54	5
白百合学園	東京	13	2	1			1	82	56	29	13	1
成蹊	東京	4	2					44	40	20	30	
帝京大	東京	1			2			48	20	15	24	
日本大第二	東京	1			1			26	8	5	20	1
早稲田	東京	14	3		1			225	50	16	44	
神奈川大付	神奈川	2		1	2	3		36	20	20	18	4
南山	愛知	3	13	6	1	42	10	47	34	13	38	36
京都女子	京都	1	4	2	1	1	14	8		1		32
同志社	京都		8				4				3	29
近畿大付	大阪		2	2		2	6	9	1	1	6	88
帝塚山	奈良	6	13		2	1	21	24	8	1	3	66

ほとんど併設大に進学者のいない武蔵などは除く　（人）

難関大付属校と公立進学校では、どちらが得か

大学付属校からエスカレーター式に大学へ進むのがいいのか、それとも公立中からトップ公立高に入って大学を受験したほうがいいのか、中学入試を考える前に迷うケースもあるようです。

難関私立大の付属校ではほとんどの生徒がそのまま併設大に進学します。その一方で、トップ公立高も難関私立大に多数の合格者をだしているからです。

トップ公立高では付属校があまり実績がない難関国立大への合格者も送りだしており、付属校よりも進路の選択肢が広くて良さそうにみえます。しかし、3年後の大学合格が付属校のように保証されているわけではありません。

また、トップ公立高に進学するには厳しい受験競争を中学1年から始めて、しかも勝ち抜かなければなりません。入学できる保証は何もありません。トップ公立高に合格しても、ほとんど休む間もなく大学受験の準備に突入します。その点、付属校は中学受験に合格すれば、もう入試はありませんから、10年間、余裕をもって学べます。

トップ公立高に進学して、さまざまな大学を受験できる可能性を広げておく考え方もあります。また、付属校に進学して伸び伸びと勉強しながら進学する考え方もあります。どちらがいいか検討してみてもいいでしょう。

トップ公立高を私立の進学校に置き換えて考えてみるのもひとつの方法です。早慶に進学すると考えた場合、私立進学校と付属校とではどちらにより大きなメリットがあるのでしょうか。

左の表は、慶應義塾大の学部別合格者数を、慶應義塾大の付属校とトップ進学校とで比べてみたものです。参考のために他大学への合格状況も入れてあります。

慶應義塾高（男子校）の生徒は主に慶應義塾《けいおうぎじゅく》普通部（男子校）と中等部（共学校）からの進学者で、慶應義塾女子高の場合は中等部からの進学者になります。

普通部と中等部とほぼ同じ偏差値の一貫校と比較するために、浅野《あさの》（神奈川）、麻布《あざぶ》（東京）、桜蔭《おういん》（東京）の内訳も並べました。

ちなみに慶應義塾中等部の女子の偏差値は、募集人員が50人という少なさもあって、女子御三家《ごさんけ》の桜蔭に匹敵する難関校です。

表をみると、浅野、麻布、桜蔭の3校は、慶應義塾大以外にも東大、京大などの難関大に数多く合格者をだしていますが、慶應の付属校からはほとんど他大学へは合格していません。難関大付属校の併設大への大量進学、トップ進学校の大学選びにおける選択肢の幅

[2009年 慶應義塾大合格者の学部内訳と他大学合格状況]

		慶應義塾	慶應義塾女子	浅野	麻布	桜蔭
男女別		男子校	女子校	男子校	男子校	女子校
	卒業生数	718	177	265	308	234
慶應義塾大	文	17	24	7	4	7
	経済	230	50	28	45	15
	法	220	50	11	25	10
	商	97	19	18	14	9
	理工	74	6	67	49	19
	医	22	5	3	3	9
	薬	11	8	6	5	14
	総合政策	15	1	2	8	0
	環境情報	23	3	4	2	1
	看護医療	0	3	0	0	2
	計	709	169	146	155	86
東大		1	0	25	77	69
京大		0	0	7	8	3
東工大		0	0	29	10	5
一橋大		0	0	8	5	3
東北大		0	0	10	4	2
早稲田大		0	2	135	175	158

（人）

付属校の併設大学への実績はすべて現役、進学校は浪人を含む1人が複数回の入試方式で合格している場合あり

男子校　女子校　共学校

[2009年 早稲田大合格者の学部内訳と他大学合格状況]

		早稲田実業	女子学院	豊島岡女子学園	駒場東邦	桐朋
男女別		共学校	女子校	女子校	男子校	男子校
早稲田大	卒業生数	388	226	409	235	319
	政治経済	45	10	6	15	16
	法	28	18	10	16	17
	文化構想	26	29	28	2	12
	文	19	23	17	3	8
	教育	54	8	17	14	7
	商	50	12	15	16	14
	基幹理工	35	13	6	13	11
	創造理工	23	6	6	18	9
	先進理工	27	11	23	21	17
	社会科	49	8	11	4	10
	人間科	5	13	13	10	10
	スポーツ科	10	1	3	2	5
	国際教養	4	20	6	1	3
	計	375	165	161	135	139
東大		1	23	17	39	22
京大		0	4	2	5	7
東工大		0	6	5	16	10
一橋大		0	6	4	7	16
東北大		0	1	1	7	6
慶應義塾大		9	72	102	117	78

(人)

系属校の併設大学への実績はすべて現役、進学校は浪人を含む1人が複数回の入試方式で合格している場合あり

男子校　女子校　共学校

ひみつ

大学付属校でも、希望学部に進学できるとは限らない

の広さが一目瞭然です。

慶応義塾大の学部別の合格者数をみていきましょう。注目したいのが理系学部です。浅野は理工67人、医３人、薬６人の合計76人合格で、卒業生の30％近い比率を占めています。慶應義塾高は合計１０７人と人数は多いのですが卒業生に占める割合は14・５％で、浅野のほぼ半分です。同じく麻布は18・５％、桜蔭は約18％ですが、慶應義塾女子は10・７％と低くなっています。理系学部においては、トップ進学校からの合格者のほうが卒業生に占める割合が高いことがわかります。

右の表は、早稲田大合格者数の付属校とトップ進学校の比較です。

早稲田大は２００７年に理工学部を基幹、創造、先進の３理工学部に分け、第一文学部と第二文学部を一緒にして文、文化構想の２学部に改組しました。

理工学部の中の先進には受験生に人気の生命医科学科があり、文化構想にはメディア論系、文芸ジャーナリズム論系など、オーソドックスな文と比べると目新しい内容が盛り込まれていて、人気を集めています。

表にある豊島岡《としまがおか》女子学園（東京）は、理系に強い女子校として知られているだけあって、先進の合格者が基幹と創造を合計した人数の倍近い数字になっています。人気の文化構想も文より合格者が多いのです。また、人気学部に強い傾向は桐朋《とうほう》（東京）も同じです。

付属校の早稲田実業《わせだじつぎょう》と比べてみると、文化構想が文より多いのは豊島岡女子学園、桐朋と同じですが、文化構想の合格者数では女子学院《じょしがくいん》のほうが早稲田実業より多くなっています。また、早稲田実業は理工3学部で最も多いのは基幹で先進はそれに次いでいます。理系学部では人気通りの進学状況になっていないことがわかります。

なぜ、このような結果になるのかというと、早慶の付属校は学部ごとに受け入れ人数枠が決まっていて、その枠は希望者の成績順に埋められていくからです。つまり、成績によっては希望学部に進学できないこともあるということです。

人気学部には一般入試でトップ進学校から優秀な生徒が集まってきますから、わざわざ内部進学者を増やす必要はないという大学側の考えがあるのかもしれません。

「併設大に進学できれば、学部はどこでもいい。とにかく大学ブランドを手に入れたい」という生徒であれば、難関私立大の付属校は申し分のない選択でしょう。しかし、大学で学びたいことがある程度決まっている場合は、難関私立大の付属校とトップ進学校ではどちらがいいか、よく考えてみる必要がありそうです。

大学合格実績の高い地方の名門一貫校

私立一貫校は、首都圏や関西圏にだけあるわけではありません。全国各地に古くから名門校と呼ばれる一貫校がありますし、いまも全国各地に新設されています。

たとえば北海道の立命館慶祥《りつめいかんけいしょう》は１９８６年に札幌経済高が立命館と合併した学校で、２０００年に中学が開校し中高一貫校としてスタートを切りました。２００９年は北海道大に35人合格し、付属校というよりは地元の進学校として伸びています。また、函館《はこだて》ラ・サール（北海道）は高校だけでしたが、中学を新設して10年前に一貫校の仲間入りを果たしています。２００９年は国公立大の医学部に19人の合格者をだしています。

このように高校に中学を設置して中高一貫校に変わり、目覚しい大学合格実績をだし始めている学校が増えています。

また、地元の私立大の名前が校名に入っている、いわゆる名前だけの付属校も進学校として名を馳《は》せています。従来の付属校のようにエスカレーター式に大学に進学する生徒もいますが、難関大に進学する生徒も着実に増えているのです。

前述の立命館慶祥の他にも、南山《なんざん》（愛知）、修道《しゅうどう》（広島）、ノートルダム清心《せいしん》（広島）、

[2009年 地方名門校(中高一貫校)の難関大合格実績]

学校	所在地	卒業生数	東大	京大	国公立大・医	北海道大	東北大	名古屋大	大阪大	九州大	早稲田大	慶應義塾大	同志社大
立命館慶祥	北海道	350	3	2	6	35	2				26	6	4
函館ラ・サール	北海道	180	3		19	12	2	1	1		16	19	2
北嶺	北海道	122	11	2	24	27	1		1	1	28	12	2
駿台甲府	山梨	307	7	3	11	2	5	2	1		37	20	2
東海	愛知	389	24	18	96	4	4	54	19	1	71	78	41
南山	愛知	394	3	13	30	6	1	42	10	1	47	34	36
滝	愛知	331	13	12	35	3	2	28	7		46	27	31
高田	三重	604	5	17	32	1		18	11	1	56	39	36
岡山白陵	岡山	175	19	6	23	1			4	2	19	17	12
修道	広島	280	17	12	12	3	4	3	23	17	50	29	37
ノートルダム清心	広島	174	4	9	17	1	1		7	6	34	9	36
広島学院	広島	190	30	18	45		1	1	18	10	50	37	11
徳島文理	徳島	174	7	4	25	1	1	1	10		23	11	13
愛光	愛媛	235	27	3	52	5	2	1	11	9	56	33	15
土佐	高知	296	9	6	25		1	2	12	3	43	13	36
久留米大付設	福岡	199	38	10	64	5	3		2	44	56	50	14
弘学館	佐賀	209	4	1	17			1	4	27	24	16	14
青雲	長崎	204	22	3	49				2	39	34	18	13
ラ・サール	鹿児島	240	53	10	89	1	5	1	5	20	59	60	2
昭和薬科大付	沖縄	205	2	3	33	1	2	2		3	35	10	6

(人)

ひみつ

地方の名門進学校は、国公立大医学部に強い

徳島文理《とくしまぶんり》（徳島）など、右の表に入っている付属校はすべて進学校として知られています。

表をみると、地方の進学校が高い合格実績をあげていることがわかります。だからこそ「名門校」と言われるわけですが、歴史のある学校ばかりではありません。新しい名門校も次々と登場してきているのです。

九州では弘学館《こうがっかん》（佐賀）、青雲《せいうん》（長崎）、昭和薬科《しょうわやっか》大付（沖縄）が台頭《たいとう》し、以前から進学校として知られるラ・サール（鹿児島）や久留米《くるめ》大付設（福岡）に迫る勢いです。

新しい名門校には共学校が多く、表にもある通り国公立大医学部に強いことが特徴になっています。医師の子どもが多いことなどが影響しているようです。

これらの学校の入試状況は地方によって異なりますが、ほとんどの学校で競争率が高くなっています。なかには大都市圏に会場を設けて試験を行っているところもありますが、大学合格実績と比べるとそれほど偏差値は高くなく、大都市圏の子どもたちにとっては入りやすい「お得感」のある学校と言ってもいいかもしれません。

寮のある地方の中高一貫校は、東京・大阪で受験できる

寮のある地方の中高一貫校は、東京や大阪などに試験会場を設け、入試を実施しています。東京や大阪ではほとんどの学校が時期の早い1月に試験を行うので、入試本番の練習のための試し受験として活用され、大変な人気を集めています。

左の表をみてください。土佐塾《とさじゅく》（高知）は、2009年の前期試験だけで志願者数が2838人という人気ぶりです。しかし、この数字に驚く必要はありません。合格者数も多いので、競争率は低いのです。

土佐塾は1・2倍、秀光《しゅうこう》中等教育学校（宮城）、如水館《じょすいかん》（広島）は1・0倍で、入りやすいのです。

ところが、大学合格実績が上がって人気を集めている佐久長聖《さくちょうせい》（長野）などは、試し受験をするにしてはむずかしくなりすぎて、首都圏の受験生の間では敬遠する動きもでてきています。

また、海陽《かいよう》中等教育学校（愛知）はイギリスのイートンカレッジをモデルにした全寮制の学校で東京、大阪、名古屋、福岡で試験を行います。西大和《にしやまと》学園（奈良）は東京、岐阜、

ひみつ

寮生活では、生活力と学力が自然に身につく

[2009年 寮のある私立一貫校の学外入試結果]

	志願者数（人）	競争率	備考
函館ラ・サール（北海道）	1,722	1.6	本校試験を含む前期
函館白百合学園（北海道）	311	1.3	前期
秀光中教（宮城）	567	1.0	1次
佐久長聖（長野）	947	1.6	
海陽中教（愛知）	193	1.8	I期
西大和学園（奈良）	474	1.7	
如水館（広島）	183	1.0	2009年から実施
長崎日本大（長崎）	1,850	1.1	
土佐塾（高知）	2,838	1.2	前期

共学校は男子寮、女子寮あり

岡山、福岡で試験を行っています。２０１０年は早稲田《わせだ》摂陵《せつりょう》（大阪）と早稲田佐賀《さが》（佐賀）が、早稲田大を会場にして入試を行います。

では、入学するとどのような学校生活が待っているのでしょうか。

日本ではあまりなじみのない寮生活ですが、戦前の旧制高等学校は寮制教育を行っていました。欧米の名門校ではいまでも寮制がごく当たり前です。

寮生活の良さは、「生活力＝学力」と言われるように、掃除、洗濯など身の回りのことを自分でこなしながら生活しているうちに、学力も自然に身につくということです。子どもが中学1年の夏休みに自宅に帰ってきた時、見違えるようにしっかりしたその姿に感動するお母さんも少なくないようです。

また、寮には教職員が常駐していて、夜も勉強をみてくれるなど手厚い支援体制を整える学校も多くなっています。ただ、通学生と違って寮費がかかります。寮は個室か2人部屋が多いようですが、費用も含めて事前に調べておきましょう。

6章

入試

さあ、入試本番

第一志望校は、6年生になる前に決める

子どもが塾に通い始めて半年ほどたつと、その間に受けた塾内の定期試験やさらには公開模試などで、子どもの学力がだいたいみえてきます。そうしたら、そろそろ志望校を真剣に考えましょう。

手順としては、まず建学の精神、校風、教育方針、大学合格実績、偏差値、通学範囲などから条件に合う学校をいくつかピックアップします。次は実際に学校の説明会に参加したり、子どもと一緒に文化祭に行ったりして生の学校をみてみましょう。そして、いくつかに絞り込んだ学校の中から、いよいよ第一志望校を決めるのです。

早い時期に第一志望校を決めると、入試対策として過去問などの演習に時間を割《さ》くことができるので、志望校に合わせた受験対策がたてやすくなります。

塾では6年生から本格的に受験対策が始まるので、できるだけ5年生のうちに決めておいたほうがいいでしょう。

第一志望校選びの鉄則は、偏差値が少々足りなくても、子どもの「必ず行きたい、学んでみたい」という気持ちを尊重することです。

ひみつ

子どもが選んだ学校は、最強の志望校

こんな実例があります。第一志望校が、子ども、父、母、3人で異なったのです。話し合って3校とも受験しましたが、結果は最も偏差値が高く合格可能性が低かった子どもの第一志望校にだけ合格し、父母が勧めた偏差値の低い2校には落ちたのです。

子どもが学校を気に入っていると、入試で思わぬ力を発揮することがあります。偏差値を超えた合格を可能にするのは、こういった底力を発揮できるかどうかにかかっているのかもしれません。

「本人の第一志望を受けさせないと、子どもの受験は終わりません」と話す塾関係者はたくさんいます。中学受験は親主導で進みますが、最後は子どもの気持ちが重要になってきます。子どもが行きたいと言う学校を受験もさせずに、合格可能性が高い安全な中学に入れてしまうと、子どもは納得がいかず中学生活を心から楽しめない場合もあります。

第一志望校は子どもの希望通りにして、親は押さえの学校をしっかり選んであげるようにしましょう。

併願5カ条、偏差値に差をつけた併願校を選ぶ

中学入試では、併願の巧拙《こうせつ》が合否を分ける鍵になります。併願の組み合わせを間違うと、全滅という悲劇を招きかねません。併願の基本を押さえて効果的なプランを考えるようにしましょう。

「受験生の数だけ併願プランはある」と言われていますが、併願プランを考える際に注意しなければならないポイントは、すべての受験生に共通しています。そのポイントを「併願5ヵ条」としてまとめました。

第1条　偏差値が10以上低くても、思い切って併願校に組み入れる

実力より上の偏差値の高い学校ばかり受けて、結果的に全滅するような併願をしないようにということです。

気に入った学校を必ず受けるのは中学受験の鉄則ですが、偏差値に幅をもたせて併願することも基本中の基本です。第一志望校は子どもの偏差値より少々高くてもかまいませんが、第二志望以下には偏差値が低めの押さえ校を入れてください。そうした組み合わせを

念頭に、6校ぐらいを併願するのが一般的なようです。

第2条　「1月入試」の合否で、2月1日以降の受験校を決める

1月入試とは、2月1日に始まる東京・神奈川の試験の前に、埼玉や千葉が1月に実施する中学入試のことを言います。

他にも土佐《とさ》塾《じゅく》（高知）、佐久《さく》長聖《ちょうせい》（長野）、函館《はこだて》ラ・サール（北海道）、西大和《にしやまと》学園（奈良）など寮のある地方の一貫校が1月に東京試験を実施しています。

2月1日以降に第一志望校がある首都圏の受験生は、1月入試で押さえ校を受験して、早めの合格を勝ち取るようにしましょう。ここで合格を確保しておけば、それ以降の入試で強気の出願に切り替えることが可能になります。もし合格できなかった場合は、2月1日からの入試に、確実に合格できる押さえ校を入れておくことが必要になります。

ただ、試し受験だからと安易に考えていると、不合格になって大きなショックを受けることもあります。対策をしっかり立てておいてください。

ちなみに、中学入試の合格発表は午前入試であれば当日の夜、遅くても翌日に行われます。

第3条　2月2日以降の受験は、W《ダブル》出願で乗り切る

出願時期になっても志望校をしぼりきれない場合は、どちらにしようかと悩んでいる2校両方に出願しておくことをW出願と言います。入試直前までに1校にしぼればいいわけですから、W出願しておくと気持ちに少し余裕が生まれます。

また、2月1日に第一志望校を受験して、その合否あるいは試験の出来不出来によって、複数ある中から2日の受験校を決めようとしている場合も、あらかじめ2日の学校はW出願しておくといいでしょう。3日の入試でも同じ作戦が使えます。受験生によってはトリプル出願しておくケースもあるようです。

この方法はいずれも、第一志望校が不合格になった時のための保険です。

第4条　受験機会があっても、やたらと受けてはいけない

多くの一貫校が午後入試を実施するようになったため、受験機会は格段に増えたのですが、そのすべてを受けるというのには無理があります。

2月1日から連日、午前と午後の入試を受け続ければ、子どもは相当体力を消耗します。連日受験する予定で出願してもかまいませんが、子どもが疲れているようなら、1日休んだり午後入試は休んだりして受験は見送るようにしましょう。子どもの心と身体をリフレッシュさせてから、再び次の試験にのぞませてあげてください。

ただし、合格の可能性が高い第一志望校については、その学校が実施するすべての入試を受け続けてもよいでしょう。同じ学校を6回受け、6回目に合格した受験生もいます。

第一志望校ですから過去問対策もしっかりできており、問題の傾向はよくわかっています。そのうえ、入試を受け続けているうちにさらに学校の問題に慣れてきて、最後に合格につながることもあるようです。

第5条　2月4日以降の受験校も準備しておく

2月9日には都立一貫校の合格発表がありますが、ここで落ちた生徒のために10日以降に入試を行う中学が増えています。遅い入試日の学校を受ける場合、それまでの試験に落ち続けた子どもは自信を失い、疲れきっています。

ここまできたら、思い切って志望校を下げるしかありません。2月4日以降に受験する学校は「最後の砦《とりで》」と考えて入試にのぞみましょう。

ひみつ

第二志望以下には、合格可能性の高い押さえ校を入れる

実力以上の学校ばかり狙わせたがる親

併願プランをみると、第一志望校には「長年、憧れてきた学校」「少々合格点には足りないけれど、行きたい学校」を選ぶ傾向が強くなっています。

塾もこういった受験を勧めます。悔いを残さないためにも憧れの中学を受験することは大切です。

問題なのはそれ以外の志望校の選び方です。模試の結果を参考にするのはいいのですが、何度も受けた模試の中から最も良かった偏差値だけを選んで、それにプラス・アルファしたレベルの学校ばかりを受けさせようとする傾向がみられます。実際には低い偏差値がでた模試もあるわけですから、それを忘れてはいけません。

模試の成績が常に安定していれば悩むことはありませんが、そんな子どもはほとんどいません。模試ではその子の得意な問題がでることもあれば不得意な問題ばかりがでることもあります。成績の乱高下が激しいのは当たり前なのです。そこをよく考えて受験校を選ばなければいけません。

偏差値が高かった模試の結果を基準にして第一志望校を決めたのなら、低い偏差値を基

ひみつ

低かった時の偏差値を基準に、押さえ校も考えてみる

準にして押さえ校を考えるのもひとつの方法です。

しかし、親は子どもが模試でとった最も高い偏差値より低い学校に進学するのは「もったいない」と考えがちです。偏差値が高いから良い学校とは限らないのですが、どうも最後は偏差値に頼った学校選びになってしまうようです。

中学入試は一生に一度しかありません。こういう時こそ冷静になって、志望校選びの原点に立ち返り、もう一度、学校選びについて考えることが大切なのです。

中高一貫教育の良さは偏差値とは関係ないことを理解しましょう。そのうえで、学校選びのツールとして偏差値を利用するのです。学校選びに偏差値は欠かせません。学力とかけ離れた中学には受かりませんし、学力より高い押さえ校は押さえになりません。偏差値を上手に使いこなしましょう。

1月入試で合格を確保しなければ、後が大変

1月入試については併願5ヵ条でも触れましたが、さらにくわしくみていきましょう。首都圏では、埼玉の私立中入試が1月10日から、千葉が1月20日から始まります。2月1日から始まる東京や神奈川の試験に慣れるため、多くの子どもたちが「試し受験」として埼玉や千葉などの私立中を受験します。

もちろん、埼玉や千葉の中学が第一志望の受験生にとっては、試し受験などとは言っていられません。まさしく中学入試本番になります。

関西圏では滋賀、京都、大阪、兵庫、奈良、和歌山の中学が2006年から統一試験日（関西統一入試）になり、併願がしづらくなりました。

2010年の関西統一入試は1月16日が解禁日のため、関西圏での試し受験は1月上旬の岡山の私立中、大阪会場で受験できる寮のある地方の学校になります。

さて、この試し受験ですが、あくまでも「試し」と割り切りましょう。入試本番はどんな様子なのか、模試とどれくらい緊張感が異なるのか、当日あるいは翌日の合格発表で自分の実力がはっきりわかるのはどんな感じなのか……といった実際の入試でしか体験で

ひみつ

試し受験の合否が、第一志望校の合否を左右する

きない独特の雰囲気を感じることに主眼を置き、第一志望校の入試に生かすことが大切なのです。もちろん、合格を勝ち取らなければいけないことは言うまでもありません。

中学入試では、一般的に併願校は6校と言われており、受験が始まってから何校か不合格が続くと、子どもは当然、気持ちが落ち込んでしまいます。そして、同じことが母親にも起きます。心配と不安から子どもを励ますどころか自分が弱気になってしまい、親子で自信を失ってしまうのです。そうなってしまっては、子どもは入試で実力を発揮できなくなってしまいます。

だからこそ、早めの合格確保に大きな意味があるのです。

試し受験の合否が、第一志望校の結果に大きく影響するといっても過言ではありません。ゆとりと自信をもって第一志望校にのぞめるようにしましょう。

子どもに合う入試問題で、偏差値を超えた合格を

子どもの試験に対する適性として、出題範囲が限られていない「実力試験」に強い子と範囲が決まっている「定期試験」に強い子がいます。

中学入試では実力試験に強い子が有利だと思いがちですが、答えはＮＯです。確かに入試は実力試験の側面が強いのですが、定期試験に近づけることが可能です。そのひみつは志望校の過去問を何年分もやっていると、よく出る問題とほとんど出ない問題がわかってくることにあります。

たとえば、算数の小問は何問で、そのうち計算問題は何問か、大問は何問で何算を使うのかといった傾向をつかむことができます。算数はとくにその学校の出題傾向がはっきり出る科目で、ある特定の分野の問題を毎年、出題する学校もあります。

子どもには科目ごとに得意な分野と不得意な分野があります。まず、模試などの結果でそれをつかみ、これならできると感じる問題を例年出題している学校をみつけて受けさせると、良い結果につながることが多いようです。そのため「入試問題との相性が良ければ、模試の偏差値より高い学校に合格する場合もあります」と言う塾講師は多いのです。入試

問題との相性を重視して志望校を考えることも大切です。

とくに第一志望校の場合は、さかのぼって数年分の過去問を解いてみましょう。その学校が複数回入試を実施していれば、他の日程の過去問にもチャレンジすることを勧めます。出題傾向が入試日ごとに大きく変わることは少ないので受験対策にはもってこいなのです。

さらに、第一志望校の本番の入試と同じ時間割で過去問を解いてみましょう。入試の時間配分を肌身で感じながらやってみて、合格最低点を超えることができれば大きな自信になります。超えられなくても弱点をみつけだして補強することができます。

翌年の入試問題については学校説明会などで、例年通りなのか変更があるのかなど傾向を教えてくれる場合が多いので、第一志望校の説明会は必ず出席しましょう。

それから、第一志望校以外の併願校の過去問もやっておいたほうがいいでしょう。偏差値が低い押さえ校だからといって油断していると、入試問題との相性で痛い目にあうことがあります。1月入試も含めて受験を考えているすべての学校の過去問は、少なくとも一度は解いておきたいものです。

ひみつ

第一志望校の過去問は、必ず数年分解いておく

入試直前の志望校変更は、子どもと話し合って決める

12月から1月にかけて、親は出願準備に追われます。そんな差し迫った時期に、模試が返送されてきて偏差値が伸びていなかったりすると、「志望校はこのままでいいのか」と迷いが生じ、志望校のランクを下げることが頭をよぎります。

このような場合、ランクを下げてもかまいません。中高一貫校に進学させたいという思いがしっかりしているのであれば、志望校を変更することもひとつの見識です。

ただし、注意しなければならないのは子どもの気持ちです。

たとえ親主導で進めてきた中学受験であっても、志望校を変えるのは子どもにとって大きなショックなのです。その学校を目指してずっと頑張ってきたのに、親の一言で変えられてしまったのでは、子どものモチベーション（受験に対する意欲）が下がります。志望校を変更するのであれば、子どもとよく話し合うことが大切です。なぜその学校を選んだのかという原点に返って、親子でもう一度、考えてみましょう。

それでも、子どもが「受けたい」と言うのなら、無理に変更してもうまくいきません。子どもの希望通り受験させたほうがいいでしょう。

ひみつ

志願者数速報は参考程度に。中学受験に穴場校はない

この局面で子どもの気持ちを尊重するのは、第一志望校を決める時には子どものこだわりを尊重したほうがうまくいくと述べたこととまったく同じです。

また、入試情報に惑わされて志望校を変更することもあるようです。

首都圏では毎年1月20日から東京の私立中の出願受付が始まりますが、学校によっては志願者数をホームページで速報しています。それをにらみながら、志願者が少ない穴場の学校を探して出願しようと考えるお父さんが多くなってきました。

その気持ちは理解できますが、穴場などほとんど出現しません。たとえ穴場の学校があったとしても多くの親がインターネットで情報を収集していますから、すぐに例年通りの志願者数に収まってしまうのがほとんどなのです。

そんなことに気をもむより、試験日に子どもがリラックスできるよう、サポートすることが大事です。

午後入試、併願割引など多様化する中学入試

中学入試は、かなり様変わりしています。入試科目がいい例です。首都圏ではかつては算数、国語の2科目（2科）入試が主流でしたが、いまではほとんどの学校が理科、社会を加えた4科入試になりました。

2科入試は「2科あるいは4科の選択」という形で残っているだけです。さらに、面接を廃止する中学も増え、学力重視の選抜に変わってきています。一方、兵庫の難関校では2科に理科を加えた3科入試が一般的です。

受験生の秀でた才能を得意科目で評価するため、攻玉社《こうぎょくしゃ》（東京）や高輪《たかなわ》（東京）などのように1科目入試を実施するところもあります。

桜美林《おうびりん》（東京）は英語、国語の2科入試を、共立女子第二《きょうりつじょしだいに》は英語だけの1科目入試を実施しています。２０１０年から始まる新課程では小学校高学年で英語が必修になりますが、その先取りとなる入試を早くから行っていたわけです。

新たな入試方式も実施されています。人気中では入試機会を増やすところが多くなっており、開成《かいせい》（東京）や桜蔭《おういん》（東京）など、ほんの一部の学校を除き、受験チャンス（入試）

は複数回あるのが当たり前になってきました。

２００９年の入試では、東京では海城《かいじょう》、巣鴨《すがも》、早稲田《わせだ》、東洋英和《とうようえいわ》女学院、明治大付明治《めいじだいふめいじ》などが２回、城北《じょうほく》、本郷《ほんごう》、鷗友《おうゆう》学園女子、豊島岡《としまがおか》女子学園などが３回、入試を行いました。５回以上実施する学校も多くなっています。

午後入試を行う学校も増えています。２００９年、午後入試で人気を集めたのは国学院《こくがくいん》大久我山《だいくがやま》（東京）です。他にも首都圏では東京都市《とうきょうとし》大付（東京）、東京農業大第一《とうきょうのうぎょうだいだいいち》（東京）、十文字《じゅうもんじ》（東京）、大妻中野《おおつまなかの》（東京）、横須賀《よこすか》学院（神奈川）、などが行い、関西では追《おう》手門学院大手前《てもんがくいんおおてまえ》（大阪）、樟蔭《しょういん》（大阪）、滝川第二《たきがわだいに》（兵庫）、仁川《にかわ》学院（兵庫）、地方では静《しず》岡聖光《おかせいこう》学院（静岡）、土佐塾《とさじゅく》（高知）などが実施しています。

受験料の改革も行われています。複数回入試を行う中学が、併願割引を導入しているのです。１回の受験料で何回も受験できたり、２回目から受験料が安くなるなど割引の種類はさまざまです。

ひみつ

複数受験したうちの、科目別最高点で合否を判断する学校もある

複数回受験すると、科目別に最高得点で合否判断をしてくれる学校もあります。

入試直前に、小学校を休んで勉強させても効果は疑問

入試を目前にひかえた段階で、「志望校合格に模試の偏差値が足りない、過去問も手つかずで、苦手分野も克服できていない。冬期講習もあっという間に終わってしまった。子どもは気持ちばかり焦って勉強に身が入らない。簡単な計算や漢字まで間違えている。このままでは不合格になってしまう」というように追い詰められると、保護者は何事も悪いほうに考えがちです。

そして最後には「時間が足りない、どうしよう」となり、禁じ手を使いたくなってしまうのです。禁じ手とは、小学校を休ませて受験勉強させることです。

当たり前ですが、子どもは小学校の一員なのですから、学校での役割、責任を果たさなければいけません。自分の利益のために学校を休むという考え方は間違っていますし、1週間ぐらい休んで勉強したからといって効果があるかどうか疑問です。

一般的に1月になるとお母さんたちは緊張感が高まってきて不安になり、精神的に追い込まれていきます。それは親だけでなく子どもも同じです。

学校を休んで勉強したところで、母親と2人きりだと緊張感がよりいっそう増幅《ぞうふく》される

ひみつ

入試が近くなっても、基本的な生活のリズムは崩さない

可能性のほうが高いのです。不安のあまり親子で落ち込んでしまって、勉強どころではなくなることもあるようです。

また、子どもが1週間ずっと勉強し続けられるのかも疑問です。それができるのであれば、もうすでに成果は上がっているはずです。土壇場《どたんば》であわてても何も得るものがないのではないでしょうか。

学校へ通っていれば生活のリズムは安定しますし、友だちと話をしたり遊んだりして、受験前の重苦しい気分から少しは解放されます。母親の顔をみずにすむので気分転換にもなります。そして体育の授業は、受験勉強に追われ運動不足になりがちな時期にはうってつけです。

たとえ受験に関係ない授業でも、将来を考えれば子どものプラスになります。目先のことばかりにとらわれていたのでは、これから長い人生を送る子どもの成長をはばむことになってしまいかねません。

中学入試は一生に一度ですが、「過ぎたるは及ばざるが如し」でもあります。

入試当日に、子どもの力を発揮させる親の言葉

1月になっても、子どものノートをみながら「何でこんな簡単な計算を間違うわけ。漢字だって練習したのにもう忘れたの」などと、つい大声で叱《しか》ってしまうお母さんは多いようです。計算や漢字は練習さえすれば確実に点がとれるので、入試でケアレスミスは許されません。イライラする気持ちはわかりますが、子どもも入試が近づけばそれは自覚しています。言わないほうがいいとわかっていても、知らず知らずのうちに口をついて出てしまうのでしょう。

試験につきもののケアレスミスは、簡単に直せるようで、実際はなかなか直らないもののようです。「生活態度を変えなければ克服は難しい」と多くの私立一貫校の先生も指摘しています。試験中や学習中に注意しても改善は難しいようで、むしろ、挨拶《あいさつ》などの礼儀作法、遅刻をしないなどの社会ルールの遵守《じゅんしゅ》、食事の姿勢や作法を徹底するなど、生活態度の改善を心がけると、ケアレスミスは直るといいます。入試直前では間に合いませんので、早いうちから心がけたほうがいいでしょう。

ケアレスミスを発見した時のように、入試を目の前に控えても叱ってばかりだと、子ど

ひみつ

入試直前は、とくにプラス思考で子どもに接する

もが自信を失って萎縮《いしゅく》してしまうことになりかねません。

子どものメンタル面に最も影響を与えるのは家庭ですから、一緒に生活している親がマイナス思考で叱責《しっせき》すると、以心伝心《いしんでんしん》ということでしょうか、子どもも自然にマイナス思考になっていくようです。実力が拮抗《きっこう》している者同士が争う入試では、最後に合否を分けるのは精神力だということを覚えておいてください。

逆に、親がプラス思考で接すれば、子どもにもそれが伝わります。入試が近づけば近づくほど、励ましの言葉で自信をもたせるようにしてあげてください。

ケアレスミスをしたとしても、「いま、わかって良かったね」と励ましましょう。テストで悪い点をとったら「お母さんに叱られる」と怯《おび》えていては、自ら学ぼうという姿勢につながりません。悪い点をとった時こそ、励ましが必要なのです。

良い点をとった時は「すごいね」と一緒に喜びましょう。子どもはほめられると素直に「次も頑張ろう」という気持ちになります。残り少ない日々で、子どもに自信をもたせて入試にのぞませる、これこそ入試当日に実力以上の力を発揮させる方法なのです。

新型インフルエンザは要注意、体調管理が合否を分ける

中学受験は子どもだけでなく、親も頑張ってきたのですから、入試当日は子どもに100％以上の力を発揮してほしいと思うのが親心でしょう。

では、100％以上の力を発揮するためには、どうすればいいのでしょうか。

まずは体調管理です。これは親が十分に注意してあげなければなりません。とくにいまは新型インフルエンザが大流行しています。入試が近づいてかかってしまったのでは、受験どころではありません。事前に新型ワクチンの接種を受けることはもちろん、子ども本人だけでなく感染する可能性が高い家族全員の接種も必要です。

なお、新型ワクチンの接種には優先順位があります。小学校高学年が接種できる目安は2010年の1月に入ってからとされていますが、自治体によってかなり差がでそうなので、各都道府県の広報での告知を見逃さないようにしてください。

また、学校によっては、願書を出願したにもかかわらずインフルエンザで試験を休んでしまった受験生に、別の日に予備試験を実施する中学もあります。今後、対応策が順次発表されますから、その情報にも注意しましょう。

ひみつ

インフルエンザ対策は家族全員で

新型インフルエンザだけでなく、季節性のインフルエンザもあります。感染してしまったら、早めに病院に行き、医師に事情を説明していちばん良い対策を取ることが大切です。医師の指示に従うのは当然ですが、病気でも受験するのであれば、中学に連絡して別室などで受験させてもらうことが可能かどうか確認してみるといいでしょう。何年も頑張ってきたのですから、病気で受験できないのではあきらめがつきません。

体調管理には細心の注意を払いたいものです。医師によると、やはり風邪予防の基本は手洗い、マスク、うがいで、手洗いは30秒、うがいは3回で水道水で十分、できれば洗顔も効果があると言います。

さて、入試当日ですが試験会場は大変な人ごみになりますので、集合時間の1時間前ぐらいには学校に着くよう心がけましょう。また、交通機関の遅延などアクシデントが起きることもあるので、人ごみが気にならない人であっても早めに家を出ることが大切です。学校に早く着いて、人気《ひとけ》のない学校を見渡すだけでも緊張がほぐれます。

不合格の子どもに、「あんな学校落ちてよかった」は禁句

考えたくないことでしょうが、第一志望校に不合格だった場合は、子どもにその事実をどう告げればいいのか、どう接すればいいのかを前もって考えておいてください。

第一志望校の試験が2月1日でその日のうちに発表があった場合などは最悪です。2日以降の併願プランに影響を与えるおそれがあるからです。

いちばん避けたいのは「あなたを落とすような学校は…」などと、不合格になった学校の悪口を言うことです。第一志望校をおとしめても慰めになどなりません。夜遅くまでの塾通い、夏期講習や冬期講習を受けに行き、朝早くから行われる模試では志望校の欄にその校名を書き続け、1年間あるいはそれ以上の時間をかけて目指してきた学校なのです。親子で歩んできたこれまでの道のりを否定してはいけません。

不合格になったことは学校そのものとは関係なく、あくまでも本人の学力不足、あるいは運がなかっただけなのです。

ですから、不合格だった時の言葉はあらかじめ準備しておかなければなりません。お母さんとお父さんが「まだあるから大丈夫。明日は絶対に受かるよ」と明るく声をかけてあ

げましょう。

子どもの動揺を抑え、いかに気持ちを前向きに変えさせるかが大切です。無理に我慢させずに、泣きたければ泣かせてあげてください。親子で一緒に泣いてもいいでしょう。それで、明日から頑張ろうという気持ちに切り替えられればいいのです。

ここでいちばん力になってくれるのは、これまで繰り返し触れている1月入試での合格です。すでに合格を確保していれば、子どもの性格にもよりますが、深刻さの度合いがまるで違ってきます。

お母さんやお父さん2人で「気にすることないよ」と声をかけたとしても、すでに合格を確保していれば、励ましの言葉も力強さを増します。子どもも親の気持ちを察知して、気持ちの切り替えがうまくいく可能性が高くなるのです。

「1月入試なんか、どうせその学校には行かないから受けない」と言う親子もいるようですが、それは第一志望校に合格した後で言うセリフです。「転ばぬ先の杖《つえ》」です。受験チャンスは上手に生かすようにしましょう。

ひみつ

第一志望校に落ちた時、子どもの力になるのは家族のサポート

長い目で子どもの成長を見守ることが大切

中高一貫教育のメリットはこの本で、たくさん挙げてきました。

ここでは、いじめ問題の取り組みについて紹介します。中高一貫校はいじめ問題にも神経をつかっています。スクールカウンセラーが常駐《じょうちゅう》している学校がほとんどです。

女子と男子とでは、男子は大きなグループをつくる傾向があるのに比べ、女子は2〜3人の小さなグループに分かれやすいので関係が複雑になりやすく、いじめは外部の人からみえにくいと言われています。

そのため、中学1年生の時に1週間ごとに席替えを行い、クラス全体が友だちになるようにして、グループに分かれにくくしている女子校もあるそうです。学校での生活記録ノートを提出させて、担任の先生との心の交流を重視している学校もあります。

それでも、いじめが起こった場合は、先生が仲裁《ちゅうさい》に入り仲直りさせます。親を巻き込んでの話し合いも行われています。

一方、中高一貫校にもデメリットはあります。よく言われるのが、中学受験「燃え尽き症候群」の生徒がいることです。入試に全力を傾けたため、中学入学後ほとんど勉強しなくなってしまい、授業についていけなくなるケースです。
燃え尽き症候群は、たとえば親が受験生の子どもに「入試が終わったら好きなだけマンガを読んでもいいし、ゲームをしてもいいから、いまは頑張ってね」などと言うことで引き起こされる場合があります。目の前の中学入試のことだけを考え、ニンジンをぶら下げて勉強させるのは考えものです。第一志望校合格が子どもの終着点ではありません。入学してからのほうがはるかに大切なのです。

小学生のうちに勉強は自分のためにするものだということを子どもに納得させましょう。それから塾に通い始めても遅くありません。勉強嫌いの子どもでも塾は楽しいと言いますから、塾に通うことで勉強の面白さを知ることができます。それは子どもにとって大きなプラスになります。

また、中学受験で第一志望校に合格できれば言うことはありませんが、第二志望校以下に入学したとしても、親子で頑張ってきたことに変わりはありません。この経験は子どもを一回り大きくし、将来に生きてきます。長い目で子どもの成長を見守ってあげてください。

ひみつ

中学受験は、子どもを一回り大きく成長させる

おわりに

中学受験の人気が年々高くなってきています。それは、私立の中高一貫校が推し進めてきた6年一貫教育が評価されているからに他なりません。

かつては大学合格実績の高さから、私立の中高一貫教育を「受験準備教育」と批判する声もありましたが、いまやまったく聞かれなくなりました。それは6年一貫教育のすばらしさを中高一貫校の在校生、卒業生、親、先生が身をもって証明してきたからです。

いま、私立一貫校は全都道府県に設立されています。また、公立の中高一貫校まで設置されるようになってきました。6年一貫教育の良さを理解したうえで中学受験にのぞむ家庭は、着実に増えているのです。

中学受験とは、6年一貫教育の入り口にあたります。

親と子どもが描く将来へ向かって、第一歩を踏みだそうとしている段階にすぎません。

もしも第一志望校に不合格になっても、併願した私立中すべてに不合格になったとしても、これから先の人生でいくらでも取り返せますし、実際にその後、成功している人はたくさんいます。子どもは頑張った中学受験を通して合格、不合格を味わい、人間として一回り大きくなっているはずです。

人生で勉強する時期は、学生時代だけではなく、社会に出てからも一生続きます。その学びの習慣、学びの面白さを中学受験で手に入れられたとしたら、何物にも代えがたい財産となります。

中学受験は、家族の絆《きずな》で乗り越える人生で最初の試練です。親も子もともに成長するいいチャンスにしていただきたいと、願わずにはいられません。

心よりご健闘をお祈りいたします。

安田賢治